星ひとみの天星術 2024

下弦の月

LAST QUARTER MOON

Star Eyes

HITOMI HOSHI

Happy Message

魂の波動
成長のエネルギー

あなたが
心から微笑むと

人々の心を魅了していく

"下弦の月"

あなたのオーラは
どんな色にも変化でき
温かい波動が集まってくる

あなたが本気で望むなら
すべてがプラスに動いていき
あなたが嘘で固めるなら
すべてはマイナスに動いていく

どう生きるか
迷ったならば

恩返しを忘れずに

友達
恋人
家族
そしてあなたを創るすべてに

愛を頂いたなら
ちゃんと愛で返せるように

喜びは
お裾分け

あなたの今が、思っていた世界でないのなら

めんどくさい
もういいやを
もう少しだけ封印し

"感謝を高める"

あなたには可能性があり
何色にでもなれる人

何かをスタートするのに遅すぎるなんて
ありません

ほんの少しの忍耐力と
心からの思いやりと一緒に

損得を考えすぎず
人生という冒険の旅を
全身で楽しめるように

あなたは"大丈夫"

PROLOGUE

★ はじめに ★

皆様こんにちは、星ひとみです。

『星ひとみの天星術2024』を手にしていただき
またお会いできたことをうれしく思います。

この時代に皆様と出会い
天星術を通じ、つながることができた今に
心から感謝いたします。

この1年があっという間に過ぎたように感じた方も
逆に長かったなと感じた方もいるでしょう。

人生を満喫するために、生きるために。

笑ったり、怒ったり
挑戦したり、悩んだり。

なぜ自分だけがこのような目に遭うのかと
ときに苦しみ、前に進めなかった人も──。

心、生き方、歩む道のり。
人生に決めつけはなく
災いは回避し
苦しみは手放すことができる──。
私はそう信じています。
そして
あなたを照らす"光"はちゃんとある。

昨年に続き今年も、少しでも皆様の支えとなれるように
長い時間をかけて仕上げさせていただきました。

私のオリジナル鑑定法の「天星術」にも
生命の"光"が宿り
毎年少しずつ、ゆっくりと成長し、時代に合わせ、
私たちと一緒に動いています。

自分はダメだと決めつける必要はなく、
"影"や"リセット"の月でも、怖がる必要はありません。

自分の運命、
自分のリズム。

そして"光と影"。

あなたの今がどんな流れなのかを読みとり
一緒に進んでいきましょう。
私たちは生まれた瞬間に、星と光のエネルギーを受けて
それぞれの流れを授かります。

エネルギーは、月、地球、太陽の3つの天室に分かれ
「天星術」では、1つの天室を、さらに4つの天星に分けて見ています。

月グループは、満月、上弦の月、下弦の月、新月。
地球グループは、空、山脈、大陸、海。
太陽グループは、朝日、真昼、夕焼け、深夜。

天星には、それぞれナンバーがあり、あなたの星を知ることができます。
また、あなたの生まれた年で、運気が「赤」と「白」に分かれ、
2024年は、さらに深く運気を知ることができます。

中身を少し具体的に紹介しますと、
まずは、あなたの性格についての最新版トリセツ。
開運キーワード、12天星別の相性をお伝えするページから始まります。

次に、1年間という大きな視点で捉えた、2024年の運気や、
グラフで示した運気バイオリズム、
月ごとの開運メッセージと開運行動、天星ナンバー別の「赤」と「白」に分かれたお言葉、
さらに運気を、1日1日という点で捉えた毎日のメッセージがあります。

特に、全部で12ある天星をさらに細かく見て、
今年、今月のあなたがどんなリズムをもっているのか、
皆様の天星ナンバーの「赤」と「白」別に占っておりますので、
【2024年 天星ナンバー別の運気】【天星ナンバー別 今月のお言葉】に、
注目してみてください。

このように、あらゆる角度から運気を読むことで、
「今がどんな時期か──光なのか影なのか」「どんなことをすると幸せを感じられるか」
また「どんなことに気をつけたら不運を回避できるか」を分析することができます。

どこを読んでも、人生の"今"のヒントとなる言葉に出会えますように。

後半ページでは、「他の天星のプロフィール」も載せています。
自分を知り、相手を理解できたとき、素晴らしい関係となれるように
家族、お友達、仕事仲間、そして気になる人との付き合い方の参考にしてください。
まずは難しく考えず、肩の力を抜いてみましょう。

誰もが幸せになるチャンスがあります。
決して諦めなくていい。

あなたが幸せになるための
"キッカケ"となれたなら幸いです。

12天星別『星ひとみの天星術2024』
今日からあなたのお守りに。

皆様の1年が幸運の光につつまれますように。

自分を知り
今のリズムを知る
あなたの心に光を

天のエネルギー
星のエネルギーを"贈り"ます。

"あなたは大丈夫"

星ひとみ

CONTENTS

ASTROLOGY
天星術について

★　★　★

「天星術」は、中国に古くから伝わる東洋占星術をベースに、

さまざまな統計学や人間科学、心理的要素などを取り入れて作り上げた、

星ひとみによるオリジナル鑑定方法です。

時代とともに変化する“今”に合わせ、

進化させるべく研究を続けてきました。

生まれた日のエネルギーが、

月、地球、太陽のどのエネルギーの影響を受けているのか。

みなさんのエネルギーは、3つの天室に分かれ、

さらに4つの時星に導かれ、12の天星タイプとなっていきます。

「天星術」で読み解いていくことで、

過去にどんなことがあったのか、現在はどんな状況か、

そして未来がどうなっていくのかがわかります。

ただし大切なのは、「**天星術**」は決して**決めつけではない占術**である、ということ。

道がないことがわかれば、創ればいい。

壁にぶつかってしまうとわかれば、回避すればいい。

また、「天星術」は光と影、そのどちらも内包するもの。

光として出たのか、影として出たのか、

それを読みとれれば、自ら変えていくことができます。

失敗と感じても、

それは**未来に訪れる成功のために必要な失敗だった**、ということも。

未来をよりよくするために、占いをどう捉えて、どう動くのか。

あなたの心のもち方によって好転させることができる、

それが「天星術」です。

・ 天星術 ・
GROUP

MOON

EARTH

SUN

月
グループ

満月
上弦の月
下弦の月
新月

地球
グループ

空
山脈
大陸
海

太陽
グループ

朝日
真昼
夕焼け
深夜

あなたの天星の見つけかた

★ ★ ★

1 P.015から始まる 生年月表 を見て、
あなたの生まれた年と月が交わる数字を
探してください。

↓

2 その数字に、生まれた日の数字を足してください。
その数字があなたの 天星ナンバー です。

※合計した数字が61以上になる場合は、その数字から60を引いたものが
天星ナンバーになります。

↓

3 P.014の 天星ナンバー対応表 を参照して、
天星を見つけてください。

↓

4 生まれ年（西暦）の下ひとけたが
偶数か奇数かを見て、赤か白かを確認します。

例〉 **1995年4月20日生まれの場合**
［生年月表］で1995年と4月が交わる数字は「58」。
「58」に生まれた日の「20」を足して「78」。
61以上になるので、60を引くと「18」。
［天星ナンバー対応表］を参照すると、「18」の天星は「夕焼け」。
生まれ年（西暦）の下ひとけたが奇数なので、「白」。

⇒ CHECK! ⇐
あなたの天星は？
★ ★ ★

こちらでも！

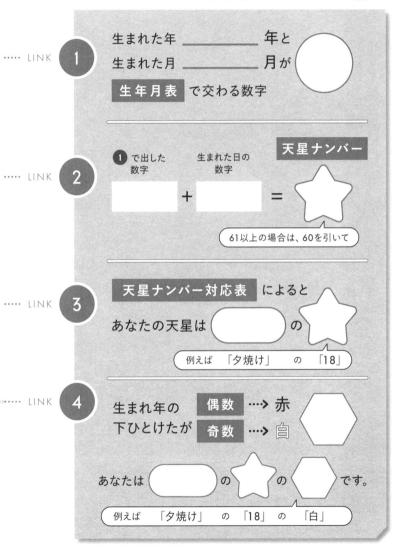

····· LINK **1**

生まれた年 ＿＿＿＿ 年と
生まれた月 ＿＿＿＿ 月が
生年月表 で交わる数字

····· LINK **2**

1 で出した数字 ＋ 生まれた日の数字 ＝ **天星ナンバー**

61以上の場合は、60を引いて

····· LINK **3**

天星ナンバー対応表 によると
あなたの天星は ＿＿＿ の ☆

例えば　「夕焼け」　の　「18」

····· LINK **4**

生まれ年の
下ひとけたが

偶数 ⋯→ 赤
奇数 ⋯→ 白

あなたは ＿＿＿ の ☆ の ⬡ です。

例えば　「夕焼け」　の　「18」　の　「白」

★ 天星ナンバー対応表 ★

天星ナンバーも覚えておこう！

月グループ MOON	満月	4　10　33　39　45
	上弦の月	11　17　32　38
	下弦の月	2　3　8　41　47
	新月	14　20　23　26　29　36
地球グループ EARTH	空	6　43　49　54　55　60
	山脈	9　15　16　34　40　46
	大陸	1　5　50　53　56　59
	海	51　52　57　58
太陽グループ SUN	朝日	21　22　27　28
	真昼	7　42　44　48
	夕焼け	12　18　31　37
	深夜	13　19　24　25　30　35

★ 生年月表 ★

生まれ年	和暦	干支	1月	2月	3月	4月	5月	6月	7月	8月	9月	10月	11月	12月
1920	T9	申	54	25	54	25	55	26	56	27	58	28	59	29
1921	T10	酉	0	31	59	30	0	31	1	32	3	33	4	34
1922	T11	戌	5	36	4	35	5	36	6	37	8	38	9	39
1923	T12	亥	10	41	9	40	10	41	11	42	13	43	14	44
1924	T13	子	15	46	15	46	16	47	17	48	19	49	20	50
1925	T14	丑	21	52	20	51	21	52	22	53	24	54	25	55
1926	T15 /S1	寅	26	57	25	56	26	57	27	58	29	59	30	0
1927	S2	卯	31	2	30	1	31	2	32	3	34	4	35	5

★ 生年月表 ★

生まれ年	和暦	干支	1月	2月	3月	4月	5月	6月	7月	8月	9月	10月	11月	12月
1928	S3	辰	36	7	36	7	37	8	38	9	40	10	41	11
1929	S4	巳	42	13	41	12	42	13	43	14	45	15	46	16
1930	S5	午	47	18	46	17	47	18	48	19	50	20	51	21
1931	S6	未	52	23	51	22	52	23	53	24	55	25	56	26
1932	S7	申	57	28	57	28	58	29	59	30	1	31	2	32
1933	S8	酉	3	34	2	33	3	34	4	35	6	36	7	37
1934	S9	戌	8	39	7	38	8	39	9	40	11	41	12	42
1935	S10	亥	13	44	12	43	13	44	14	45	16	46	17	47
1936	S11	子	18	49	18	49	19	50	20	51	22	52	23	53
1937	S12	丑	24	55	23	54	24	55	25	56	27	57	28	58

★ 生年月表 ★

生まれ年	和暦	干支	1月	2月	3月	4月	5月	6月	7月	8月	9月	10月	11月	12月
1938	S13	寅	29	0	28	59	29	0	30	1	32	2	33	3
1939	S14	卯	34	5	33	4	34	5	35	6	37	7	38	8
1940	S15	辰	39	10	39	10	40	11	41	12	43	13	44	14
1941	S16	巳	45	16	44	15	45	16	46	17	48	18	49	19
1942	S17	午	50	21	49	20	50	21	51	22	53	23	54	24
1943	S18	未	55	26	54	25	55	26	56	27	58	28	59	29
1944	S19	申	0	31	0	31	1	32	2	33	4	34	5	35
1945	S20	酉	6	37	5	36	6	37	7	38	9	39	10	40
1946	S21	戌	11	42	10	41	11	42	12	43	14	44	15	45
1947	S22	亥	16	47	15	46	16	47	17	48	19	49	20	50

★ 生年月表 ★

生まれ年	和暦	干支	1月	2月	3月	4月	5月	6月	7月	8月	9月	10月	11月	12月
1948	S23	子	21	52	21	52	22	53	23	54	25	55	26	56
1949	S24	丑	27	58	26	57	27	58	28	59	30	0	31	1
1950	S25	寅	32	3	31	2	32	3	33	4	35	5	36	6
1951	S26	卯	37	8	36	7	37	8	38	9	40	10	41	11
1952	S27	辰	42	13	42	13	43	14	44	15	46	16	47	17
1953	S28	巳	48	19	47	18	48	19	49	20	51	21	52	22
1954	S29	午	53	24	52	23	53	24	54	25	56	26	57	27
1955	S30	未	58	29	57	28	58	29	59	30	1	31	2	32
1956	S31	申	3	34	3	34	4	35	5	36	7	37	8	38
1957	S32	酉	9	40	8	39	9	40	10	41	12	42	13	43

★ 生年月表 ★

生まれ年	和暦	干支	1月	2月	3月	4月	5月	6月	7月	8月	9月	10月	11月	12月
1958	S33	戌	14	45	13	44	14	45	15	46	17	47	18	48
1959	S34	亥	19	50	18	49	19	50	20	51	22	52	23	53
1960	S35	子	24	55	24	55	25	56	26	57	28	58	29	59
1961	S36	丑	30	1	29	0	30	1	31	2	33	3	34	4
1962	S37	寅	35	6	34	5	35	6	36	7	38	8	39	9
1963	S38	卯	40	11	39	10	40	11	41	12	43	13	44	14
1964	S39	辰	45	16	45	16	46	17	47	18	49	19	50	20
1965	S40	巳	51	22	50	21	51	22	52	23	54	24	55	25
1966	S41	午	56	27	55	26	56	27	57	28	59	29	0	30
1967	S42	未	1	32	0	31	1	32	2	33	4	34	5	35

★ 生年月表 ★

生まれ年	和暦	干支	1月	2月	3月	4月	5月	6月	7月	8月	9月	10月	11月	12月
1968	S43	申	6	37	6	37	7	38	8	39	10	40	11	41
1969	S44	酉	12	43	11	42	12	43	13	44	15	45	16	46
1970	S45	戌	17	48	16	47	17	48	18	49	20	50	21	51
1971	S46	亥	22	53	21	52	22	53	23	54	25	55	26	56
1972	S47	子	27	58	27	58	28	59	29	0	31	1	32	2
1973	S48	丑	33	4	32	3	33	4	34	5	36	6	37	7
1974	S49	寅	38	9	37	8	38	9	39	10	41	11	42	12
1975	S50	卯	43	14	42	13	43	14	44	15	46	16	47	17
1976	S51	辰	48	19	48	19	49	20	50	21	52	22	53	23
1977	S52	巳	54	25	53	24	54	25	55	26	57	27	58	28

★ 生年月表 ★

生まれ年	和暦	干支	1月	2月	3月	4月	5月	6月	7月	8月	9月	10月	11月	12月
1978	S53	午	59	30	58	29	59	30	0	31	2	32	3	33
1979	S54	未	4	35	3	34	4	35	5	36	7	37	8	38
1980	S55	申	9	40	9	40	10	41	11	42	13	43	14	44
1981	S56	酉	15	46	14	45	15	46	16	47	18	48	19	49
1982	S57	戌	20	51	19	50	20	51	21	52	23	53	24	54
1983	S58	亥	25	56	24	55	25	56	26	57	28	58	29	59
1984	S59	子	30	1	30	1	31	2	32	3	34	4	35	5
1985	S60	丑	36	7	35	6	36	7	37	8	39	9	40	10
1986	S61	寅	41	12	40	11	41	12	42	13	44	14	45	15
1987	S62	卯	46	17	45	16	46	17	47	18	49	19	50	20

★ 生年月表 ★

生まれ年	和暦	干支	1月	2月	3月	4月	5月	6月	7月	8月	9月	10月	11月	12月
1988	S63	辰	51	22	51	22	52	23	53	24	55	25	56	26
1989	S64/H1	巳	57	28	56	27	57	28	58	29	0	30	1	31
1990	H2	午	2	33	1	32	2	33	3	34	5	35	6	36
1991	H3	未	7	38	6	37	7	38	8	39	10	40	11	41
1992	H4	申	12	43	12	43	13	44	14	45	16	46	17	47
1993	H5	酉	18	49	17	48	18	49	19	50	21	51	22	52
1994	H6	戌	23	54	22	53	23	54	24	55	26	56	27	57
1995	H7	亥	28	59	27	58	28	59	29	0	31	1	32	2
1996	H8	子	33	4	33	4	34	5	35	6	37	7	38	8
1997	H9	丑	39	10	38	9	39	10	40	11	42	12	43	13

生まれ年	和暦	干支	1月	2月	3月	4月	5月	6月	7月	8月	9月	10月	11月	12月
1998	H10	寅	44	15	43	14	44	15	45	16	47	17	48	18
1999	H11	卯	49	20	48	19	49	20	50	21	52	22	53	23
2000	H12	辰	54	25	54	25	55	26	56	27	58	28	59	29
2001	H13	巳	0	31	59	30	0	31	1	32	3	33	4	34
2002	H14	午	5	36	4	35	5	36	6	37	8	38	9	39
2003	H15	未	10	41	9	40	10	41	11	42	13	43	14	44
2004	H16	申	15	46	15	46	16	47	17	48	19	49	20	50
2005	H17	酉	21	52	20	51	21	52	22	53	24	54	25	55
2006	H18	戌	26	57	25	56	26	57	27	58	29	59	30	0
2007	H19	亥	31	2	30	1	31	2	32	3	34	4	35	5

★ 生年月表 ★

生まれ年	和暦	干支	1月	2月	3月	4月	5月	6月	7月	8月	9月	10月	11月	12月
2008	H20	子	36	7	36	7	37	8	38	9	40	10	41	11
2009	H21	丑	42	13	41	12	42	13	43	14	45	15	46	16
2010	H22	寅	47	18	46	17	47	18	48	19	50	20	51	21
2011	H23	卯	52	23	51	22	52	23	53	24	55	25	56	26
2012	H24	辰	57	28	57	28	58	29	59	30	1	31	2	32
2013	H25	巳	3	34	2	33	3	34	4	35	6	36	7	37
2014	H26	午	8	39	7	38	8	39	9	40	11	41	12	42
2015	H27	未	13	44	12	43	13	44	14	45	16	46	17	47
2016	H28	申	18	49	18	49	19	50	20	51	22	52	23	53
2017	H29	酉	24	55	23	54	24	55	25	56	27	57	28	58

★ 生年月表 ★

生まれ年	和暦	干支	1月	2月	3月	4月	5月	6月	7月	8月	9月	10月	11月	12月
2018	H30	戌	29	0	28	59	29	0	30	1	32	2	33	3
2019	H31/R1	亥	34	5	33	4	34	5	35	6	37	7	38	8
2020	R2	子	39	10	39	10	40	11	41	12	43	13	44	14
2021	R3	丑	45	16	44	15	45	16	46	17	48	18	49	19
2022	R4	寅	50	21	49	20	50	21	51	22	53	23	54	24
2023	R5	卯	55	26	54	25	55	26	56	27	58	28	59	29
2024	R6	辰	0	31	0	31	1	32	2	33	4	34	5	35

下弦の月
プロフィール

あなたの性格に迫るとともに、
2024年の運気や開運色、
相性などもお伝えします。

Last Quarter Moon Profile

- ☐ 適応能力が高くなんでもできる
- ☐ 周りを明るくするちょっと天然さん
- ☐ 好奇心旺盛だけど飽きっぽい
- ☐ 叱られるより、ほめられて伸びる

決断する月、努力が報われる月、吉凶混ざり引きが強い月にこの傾向が表れます

下弦の月の
光と影

各天星タイプには、もともともっている性質があります。普段、表に出ているのが「光」の性質です。ただ、運気バイオリズムが崩れると「影」の性質が出てきます。

- ☐ 否定されるとシャットダウン
- ☐ メッセージは既読スルーが多い
- ☐ ドライな性格で、サバサバしている
- ☐ 面倒くさがりで、忘れっぽい

運気が低迷する月、八方塞がりになりやすい月、リセットの月にこの傾向が表れます

運気バイオリズム（P.034）が☀（光）と☁（影）のときに、上記のような性質がそれぞれ出てきます。

＊ 下弦の月 ＊

ノリで勝負な愛嬌の達人

CHARACTER
KEYWORD

天然
の星

柔軟性が
ある星

おっちょこちょい
の星

聞き上手
の星

忘れっぽい
星

基本性格

好奇心旺盛で大器晩成型の気質をもち、出世するタイプ。仲よくなると気さくで、興味があることであれば臨機応変に対応できるなど順応性は高め。ただし飽きっぽくて集中力のないところがあり、興味のない話は聞いている風。根は明るく少し抜けている天然タイプですが、そこが大きな魅力です。

下弦の月のトリセツ

↑好きなこと・喜ぶこと

・好きな人たちからの応援　・家族にほめられること
・可能性を広げてくれる人　・無添加や体によいもの
・一流に触れること　　　　・自分を尊重してくれる人

↓嫌がること・ストレスになること

・否定されること　　　　　・間違いを正されること
・忘れないでと強制される　・孤独感
・「好き」を共感されない　・責任を問われること

2024年の開運のカギ

| やるといいこと | 責任をもって何事も最後までやり抜く |

| 気をつけるべきこと | キツイ口調や上辺だけの返事 |

2024年の開運相性

恋愛運
を
上げる天星

下弦の月
×
空

仕事運
を
のばす天星

下弦の月
×
大陸

金運
を
のばす天星

下弦の月
×
真昼

基本の
開運色

黄色

2024年の
開運色

ピンクベージュ

2024年の
開運アイテム

財布

2024年の
開運スポット

神社仏閣

天星タイプ別 基本の相性

下弦の月 × 満月
★★☆☆☆

下弦の月 × 大陸
★★★★★

下弦の月 × 上弦の月
★★★★☆

下弦の月 × 海
★★★★☆

下弦の月 × 下弦の月
★★★☆☆

下弦の月 × 朝日
★☆☆☆☆

下弦の月 × 新月
★☆☆☆☆

下弦の月 × 真昼
★★★☆☆

下弦の月 × 空
★★★★☆

下弦の月 × 夕焼け
★★★★☆

下弦の月 × 山脈
★★★☆☆

下弦の月 × 深夜
★★★★★

|下弦の月|

天星ナンバー
2

無意識に周りを虜にする愛嬌の持ち主

コミュニケーション能力に長け、相手によって自然と態度を変えられるチャーミングな人。広い人脈を築く順応力をもつ一方、警戒心も強く、ときに面倒くさがりで気まぐれ。自分にとってマイナスなことやものはすばやく回避。オフはかなりマイペース。忘れっぽくて天然な人。

こんな星が入ってる

★ 愛想笑いの星

★ 天然ながらも理知的な星

★ 逃げ足速い星

天星ナンバー
3

知的で気配りができる平和主義者

平和主義者で、人から嫌われることやもめごとは大の苦手。人の気持ちにとても敏感で、細かいことに気がつくため、人に何か言われる前に行動することができます。基本的には親切ですが、根は少しドライで現実的なところも。物事を冷静に判断できる人です。

こんな星が入ってる

★ 平和主義の星

★ 秘密がある星

★ ズル賢い星

天星ナンバー
8

誰もが振り返る天性のアイドルタイプ

愛嬌たっぷりな愛されキャラ。人見知りと思われがちですが、頭の回転が速く、誰にでも合わせることができます。ただし自分を否定してくる人や、面倒くさい人とは距離を置く傾向が。また、相手に慣れてくるとわがままで臆病な一面が顔を出すようになります。

こんな星が入ってる

★「絶対」がない星

★ 華がある星

★「サバサバ」度が年々増す星

天星ナンバー

41

大物オーラで尊敬されるリーダータイプ

自分のこだわりを貫くマイペースなタイプで、夢中になると周りが見えなくなります。柔らかい態度で人に合わせることができますが、実は損か得かで判断しているところも。一方で、品性やマナーを大切にしているので、常識がない人は苦手です。

こんな星が入ってる

★ マナー大事の星

★ 職人気質の星

★ 物腰柔らかの星

天星ナンバー

47

一見自信家、実はナイーブな感覚派

理性と知性で考えることができますが、実は感覚派。発言したときの影響力が強いので、よく考えてから言葉を発することが大事。孤独が苦手な寂しがり屋で、常に誰かと一緒にいたいタイプ。自信家で少し天然なところも。ただ、自分では気づいていないかも。

こんな星が入ってる

★ 演じる星

★ ときに気性が荒くなる星

★ 肩書き重視の星

CHARACTER

YEARLY FORTUNE

2024年
下弦の月の運勢

THEME

"癒しを大事に
心身を整えたい年"

総合運

2024年は、心と体のメンテナンスを大事にしたい年。いつもの調子が出ず、疲れやすいタイミングなので決して無理をしないで。休む時間をとったり、ちょっとした不調でもすぐに対処したりするなど、自分を労るようにすれば、本来の輝きを取り戻せるでしょう。不安要素があるなら、健康診断を受けておくのもおすすめ。メンタルダウンしたら、自然に触れたりマッサージに行ったりして、自分をたっぷりと癒してあげて。今はエネルギーチャージを。季節感を大事にすると開運につながります。

恋愛運

心身の安定を第一にすることが、恋愛運アップにつながる年。話に耳を傾けてくれる人を選びがちですが、騙されやすいので、気を引きしめて。余裕が出ると魅力を発揮できるので、まずは、心身のケアを大切に。2024年は進展を焦らず仲を深める時期と考えて。キーパーソンは1つの分野に長けている人。

仕事運＆金運

今年は、体力面でも精神面でも踏ん張りがきかない年。無理して高みを目指すよりも、目の前の仕事を着実にこなしていく方がいい結果につながるでしょう。人間関係でもストレスを感じやすいので、こまめにリフレッシュするようにして。金銭面では無駄遣いを控えて、コツコツ貯めることが大切です。

2024年の運気バイオリズム

リセットの月
- ・判断ミス
- ・縁が切れる
- ・爆発しやすい

物事を見直す月
- ・体調を崩しやすい
- ・準備の時期
- ・少し休憩

**メンテナンス
の月**
- ・体調管理を第一に
- ・メンタルダウンに注意
- ・癒しを大切にする

**八方塞がりに
なりやすい月**
- ・謙虚さを大事に
- ・決めつけない
- ・じっくり煮詰める

新スタートの月
- ・新発見
- ・チャレンジする
- ・直感が戻る

決断する月
- ・直感に従う
- ・人生が変わる
- ・軸を定める

**努力が
報われる月**
- ・変化がある
- ・力を発揮できる
- ・夢が膨らむ

2023年　　　　　　　2024年

| 秋 | 冬 | 春 |

☀️（光）と☁️（影）のときは、
P.027のような性質が
それぞれ出てきます。

Astrology　How To　Profile & Congeniality　Yearly Fortune-Telling　Monthly Fortune-Telling　Daily Fortune-Telling　Other　Ranking

再挑戦できる月

・縁ある人と再会
・チャンス到来
・経験を活かせるとき

振り返って みる月

・楽しんでみる
・穏やかな雰囲気
・最後の決断

八方塞がりに なりやすい月

・謙虚さを大事に
・決めつけない
・じっくり煮詰める

誘惑が多い月

・調子にのりがち
・足腰を温める
・決断はNG

吉凶混ざり 引きが強い月

・自信をもって行動
・プチセレブ感
・注目が集まる

運気が 低迷する月

・健康面に影が
・頑固はNG
・流れに身を委ねる

リセットの月

・判断ミス
・縁が切れる
・爆発しやすい

夏　　　　　秋　　　冬

赤（偶数年生まれ）

RED

今までの努力が報われる成就の年。周りから
の期待が高まったり、自分の力が発揮される
ときです。自分のペースで物事を進められ、
夢も膨らんでいくでしょう。努力が足りなか
った人も、巻き返しのチャンスです。

決断運	★★★★★
人間関係	★★★☆☆
健康運	★★★★☆
金運	★★★☆☆

＼あなただけの／
光の月 4月、7月／影の月 9月、10月

パワフルに動き回れる年。直感も冴えるとき
なので、好奇心を刺激されることにはどんど
ん挑戦してみましょう。過去のこだわりを捨
て、積極的に人と交流することで新しい自分
を発見できるかもしれません。

決断運	★★★★☆
人間関係	★★☆☆☆
健康運	★★★☆☆
金運	★★★☆☆

＼あなただけの／
光の月 8月、11月／影の月 1月、2月

天星ナンバー別の運 気

白（奇数年生まれ）

2

3

8

心身を整える年。過去の疲れが出やすく、メンタルもダウンしがちに。ストレスが溜まりやすいときなので、無理せず休むことが重要です。丁寧に心と体のケアをし、少しの異変でも放置しないように。

決断運	★★☆☆☆
人間関係	★☆☆☆☆
健康運	☆☆☆☆☆
金運	★★★☆☆

＼あなただけの／
光の月 5月、8月／影の月 10月、11月

WHITE

41

47

2024年は物事がリセットされるとき。変化が多く、別れもありますが、次のステージのために必要のないものが離れていく運気となります。未練や執着を手放し、自分の殻を破ることで、新しい流れが生まれるでしょう。

決断運	★☆☆☆☆
人間関係	★★☆☆☆
健康運	★★☆☆☆
金運	★★☆☆☆

＼あなただけの／
光の月 9月、12月／影の月 2月、3月

2023 11 *November*
八方塞がりになりやすい月

今月の開運メッセージ

新しいことに挑戦するより、仲間の意見を優先することが運気アップにつながる月です。困っている人がいたら、積極的に手を貸すなど、「周りの人がどうしたら笑顔になってくれるか」を考えて行動に移してみて。感謝される機会が増えるほど、あなたのもとに幸運がやってきます。ただし、リズムが乱れやすい時期でもあるので、自分を癒す時間をこまめにとりましょう。

今月の開運行動

 1つのことに捉われず
柔軟に考える

 人と接するときは調和を大切に

 心の栄養になるような
ものに触れる

天星ナンバー別
今月のお言葉

あなたの
天星ナンバー
をチェック!

RED

赤
（偶数年生まれ）

白
（奇数年生まれ）

2
3
8

きつい口調や言い争いは避け、どんな相手にも丁寧に接しましょう。周囲を変えようと思わずに、自分が変わる意識で周りも変化。

自分のためではなく誰かのために動くイメージで、何があっても決めつけないこと。体調が不安定な時期なので、体調管理も徹底を。

41
47

周囲から注目が集まりそう。柔らかな態度で接して。苦しい道を選ぶと大切な変化が入ります。良質なものを買うと運気アップ。

旧友と連絡を取ったり、思い出の料理を食べたりすると開運につながります。親孝行や先祖の供養もいい流れを呼び込みます。

2023 **12** *December*
リセットの月

今月の 開運メッセージ

過去にしばられるより未来を見つめることが大切な月。周りを見れば、今のあなたにもう必要のないものがあるはず。ストレスに感じている人間関係からは離れるなど、この先に目を向け身軽になることで幸運を呼び込みます。別れがあっても、それは新たな一歩を踏み出すきっかけになるでしょう。我慢しすぎると限界がくる時期でもあるので、気が立ったら深呼吸を。

今月の 開運行動

 机や引き出しなど
整理整頓を心がける

 どんなことも焦らず
冷静に判断する

 人のいいところを探し
ほめてみる

天星ナンバー別
今月のお言葉

あなたの
天星ナンバー
をチェック！

RED

赤
（偶数年生まれ）

白
（奇数年生まれ）

2

3

8

新年が近づくにつれ運気が上昇。新たなチャレンジや努力、学びは追い風になります。まずはTo Doリストを作成してみて。

無理をすると感情が爆発するかも。去るものは追わずという気持ちで手放しましょう。部屋を片付けるとスッキリした気持ちに。

41

47

悩みの種はできるだけ早いうちに解決して。穏やかな気持ちで年を越しましょう。月末は時間に余裕をもって動くと◎。

周りの状況をよく見て、思いやりをもった行動を心がけて。資格の勉強などスキルアップのための自己投資は惜しまずに。

2024　**1**　*January*
新スタートの月

今月の開運メッセージ

年明けとともに運気が少しずつ上昇し、直感も戻るなど、いいスタートがきれそうです。気持ちも明るくなって新しいことを始めたくなるので、好奇心が向くことや気になったことにはチャレンジを。ただし、すぐに結果を出そうとせず、一歩一歩ゆっくりでも着実に進む気持ちを大切に。環境の変化があったなら、素敵な未来を信じて楽しんでみましょう。

今月の開運行動

 理想の自分を思い描いてみる

 古い家具を買い替えて
部屋の模様替えをする

 食生活を見直し
栄養バランスに気を配る

天星ナンバー別

あなたの
天星ナンバー
をチェック!

今月のお言葉

RED

赤
（偶数年生まれ）

白
（奇数年生まれ）

2
3
8

運気はゆっくり上昇中。1年の目標を立てたら、できることから少しずつでも行動を。出会い運もあるので、初めての場所でも飛び込んで。

変化を感じそうな月。焦る必要はありません。あなたらしさを大切にしつつ、風邪やケガなど体調管理はしっかりと。

41
47

先のばしにしていたことが変化する暗示。面倒くさいことから逃げず、あえてつらい道を選ぶことも必要。今やれることからスタートを。

心身ともに安定した年明けです。決断は中旬までに。早めの行動が吉となります。後半は足元に注意し、身の回りを整理整頓。

2024 **2** *February*
物事を見直す月

今月の **開運メッセージ**

成長のための準備のときです。失敗しても落ち込んだり、途中で投げ出したりせず、諦めずに努力し続けることで、未来の可能性が広がるでしょう。また、積極的に人との交流を楽しむことで、今後のいい縁につながる可能性も。また、無理して背伸びするより、自然体でいることがツキを呼びます。体の内側から美しくなれるよう、食事や運動を意識してみましょう。

今月の **開運行動**

 生活リズムを整えて
早寝早起きを心がける

 時間と心に余裕をもち
おでかけ前には持ち物チェック

 観葉植物や季節の花を飾り
癒しの時間を作る

天星ナンバー別
今月のお言葉

あなたの
天星ナンバー
をチェック!

RED

赤
（偶数年生まれ）

白
（奇数年生まれ）

2
3
8

人生を変えるチャンスのとき。直感力も冴えるので、引っ越しや告白など、大きな決断にも思い切って踏み出して。ダイエットにも最適。

自分を成長させることをテーマにしたい月。積極的に動けばよい出会いもありそう。目標を高めに設定し、まだ試していない美の追求が開運に。

41
47

頑固さには注意。人を優先する意識で、周囲の言葉や価値観をしなやかに受け入れましょう。感謝の気持ちを忘れずに。

趣味嗜好が変わりやすい月。いつもと違ったものに目が向くので、自分の幅を広げる機会に。予想外の出来事もいい経験と思って受け止めて。

2024 **3** *March*

決断する月

今月の開運メッセージ

今月は、じっくりと進んでいくといい時期。ノリや勢いに任せて動くことはやめて、慎重に過ごすように心がけましょう。もし心に迷いが生じたら、自分の直感に従うこと。後になって「こっちの方がよかったかも」と思っても慌てないで大丈夫。落ち着いて周りを見渡してみると、あなたをサポートしてくれる人がたくさんいることにも気づけるでしょう。

今月の開運行動

 後回しにしていたことを
テキパキと片付ける

 奉仕精神を忘れず
どんな人にも優しく接する

 キッチンやバスルームなど
水回りを掃除する

天星ナンバー別
今月のお言葉

あなたの
天星ナンバー
をチェック!

RED

赤
（偶数年生まれ）

白
（奇数年生まれ）

心身のバランスが崩れやすい運気です。来月以降上昇するので、ここで無理をするより少しペースを落とすのがベター。ケガには注意を。

2

3

8

自分の意思とは裏腹に強いエネルギーが入ってきます。争いはせず控えめに。ぶれない心が開運を高めます。良質な睡眠で、直感力がアップ。

抱えている悩みや不安は、もっとシンプルに考えることが解決への近道。気分転換には掃除や空気の入れ替えがおすすめです。

41

47

初心を思い出してスタートを。挫折を感じても、できない自分を否定するより頑張った自分をほめてあげて。そこから学ぶことで実力アップ。

2024 **4** *April*
メンテナンスの月

今月の 開運メッセージ

自分を追い込みがちになり、気分が晴れにくい月。根を詰めやすいため、気づかないうちに体が疲弊していることも。まずは自分に優しくして、心の動きをしっかり見つめることを心掛けてみて。清潔感のあるファッションと丁寧な歯磨きも大事です。自分の時間を大切にして心身のバランスを整えることを優先させましょう。

今月の 開運行動

 穏やかな音楽を聴いて
のんびり過ごす

 スマホやパソコンから離れ
デジタルデトックスする

 胃にやさしい食事を選び
暴飲暴食に気をつける

天星ナンバー別
今月のお言葉

あなたの
天星ナンバー
をチェック!

RED

赤
（偶数年生まれ）

白
（奇数年生まれ）

2
3
8

運気は好調。やりたいことを口にすると、周りも応援してくれそう。体の中からエネルギーが湧き、どんなことも乗り越えられるはず。

ペースダウンが必要な月。ストレスを感じたら、好きな香りや場所などに身を置いてみて。心と体を整えることで、トラブルも回避。

41

47

自分には無理と諦めず、挑戦する気持ちで運気が高まる時期です。気になったことにはチャンスが隠されている可能性も。躊躇せずスタート。

不調が出やすい月。こまめな気分転換が必要です。無神経な人にイライラすることもありますが、先を急がずゆっくり変化を。

Astrology　How To　Profile & Congeniality　Yearly Fortune-Telling　Monthly Fortune-Telling　Daily Fortune-Telling　Other　Ranking

2024 **5** *May*

努力が報われる月

今月の開運メッセージ

今月は、力を発揮できる時期。天から優しい光が差し込み、運気を味方にできます。自分を信じて、やりたいことや高い目標にも、どんどん挑戦してみましょう。思いがけずうれしい展開になったり、満足のいく結果になるはず。「自分の幸せは自分で作る」という積極的な姿勢も開運につながります。日常の些細なことにも感謝して、喜びを見つけていきましょう。

今月の開運行動

 感謝の言葉を口にして
態度や行動でも表現する

 得意分野をさらに磨いて
自分の武器にする

 おいしいお店を見つけたら
SNSでシェアする

天星ナンバー別
今月のお言葉

あなたの
天星ナンバー
をチェック!

RED

赤
（偶数年生まれ）

白
（奇数年生まれ）

2
3
8

周りと比べやすい時期です。人は人、自分は自分。あなたらしさを忘れずに。迷ったら、目の前にある一番大切なものや人を思い出してみて。

幸せを感じられるとき。日々の生活の中でちょっとした喜びを見つけることで、ラッキーな流れにのることができそう。夢の実現も。

41
47

自然体で過ごすといい時期。素直な心で、好きなものや楽しいことで心を満たしましょう。どんなときも笑顔を絶やさないで。

不安を感じても、"大丈夫"。小さなつまずきはあなたを救うヒントです。必要ないものを整理整頓。自分にご褒美をあげ未来に向けて路線変更を。

2024 **6** *June*

誘惑が多い月

今月の 開運メッセージ

気を引き締めて過ごしたい時期。気持ちが緩みやすく、自分に甘えが出てしまいそうです。また、気分がころころ変わるなど、判断に迷いが生じやすくなるかもしれません。そんなときは、目先の利益にとらわれていないか、自分に問いかけてみて。地に足をつけ、着実に取り組めば幸運を呼びこむでしょう。今、手にしているものを大切にすることが開運のカギです。

今月の 開運行動

 誘惑が多いときこそ
調子にのらず慎重に話を聞く

 持ち物や集合時間など
重要なことは2回確認する

 聞いた話を鵜呑みにせず
自分なりに考え直す

天星ナンバー別
今月のお言葉

あなたの
天星ナンバー
をチェック!

RED

赤
（偶数年生まれ）

白
（奇数年生まれ）

2
3
8

リベンジの運気が強まるとき。かつて挫折したことも今ならうまくいきそう。仲違いした人とやり直したいなら、素直な気持ちで。

目の前の大切なものを優先しましょう。あれこれ目移りしてしまうと、無駄な時間を費やすことに。落ち着いて行動すれば運は上昇。

41
47

生活にマンネリを感じていませんか？いつもと違う道を通る、知らないお店に入るなど、変化を楽しむとリフレッシュできそう。

ゆっくりでも前進し続けることが大事な時期。今は目に見えなくても、あなたの努力は成功の種になっています。人脈を広げておくと◎。

2024 **7** *July*
再挑戦できる月

今月の開運メッセージ

今つながっているご縁を大切にするといい時期。「相手の幸せのために」という、見返りを求めない純粋な気持ちが運を引き寄せます。つないできた人脈の中からラッキーパーソンが現れることも。また、軌道修正にも最適のタイミングです。これまでやってきたことを見直し、新たな方法を試してみると、思いがけず成功をつかめる場合もあるでしょう。

今月の開運行動

困ったら1人で抱え込まず
周りの人を頼ってみる

スクワットやストレッチで
下半身をしっかり鍛える

思い出のスポットを訪れ
ノスタルジーに浸る

天星ナンバー別
今月のお言葉

あなたの
天星ナンバー
をチェック!

RED

赤
（偶数年生まれ）

白
（奇数年生まれ）

2

3

8

大きな変化が入っています。レベルアップをめざせば、あなた自身の可能性が広がる月。頑張った自分にはご褒美を。ケガには気をつけて。

過去の縁が幸運を運んでくる月。かつて関わった人と再び気持ちが通じ合ったり、助けられたりしそう。思い浮かんだ人に連絡してみよう。

41

47

心に隙が生まれやすい月。リラクゼーションを心がけ、癒しをテーマに過ごしてみて。今月は自分に投資を。歯のケアを念入りに。

意思表示がテーマの月。何事も頑固にならず、広い視野で選択することで今後の可能性が広がります。身の回りの整理整頓も運気アップに。

2024 **8** *August*
吉凶混ざり引きが強い月

今月の開運メッセージ

今月は、自分の気持ちに素直になって行動することが大切。少し無理かなと思う夢にも、ためらわずに挑戦してみて。ワクワクすることのためには、お金を惜しまないでOK。毎日楽しく過ごしていると、幸運がやってきます。自分へのご褒美に、ちょっと贅沢な食事をしたり、スパに行くのもおすすめ。ただし無理のしすぎには気をつけて、「ほどほど」を心がけましょう。

今月の開運行動

 自分の発言に責任をもち
有言実行を徹底する

 価格より質を重視して
上質な服を身にまとう

 自分を高めるものを買い
プチセレブ感を味わう

天星ナンバー別

あなたの
天星ナンバー
をチェック!

今月のお言葉

RED

赤
（偶数年生まれ）

白
（奇数年生まれ）

新しく何かを始めるより、日常を楽しみ、周りの人との時間を大切にすることが運気安定のカギ。節約・貯金を始めると今後の安心に。

ワンランク上を意識するといい月。自分に投資し、満足感を高めてみて。周りの人に感謝を伝えると幸運のエネルギーが入ってきます。

達成感や満足感を得るために何かを決意する暗示。許せなかった過去に別れを告げ次なる一歩が始まります。10年後を意識しプランの見直しを。

自分の時間を大切にしたい時期。ストレスを感じやすくなるので、自分を癒すことを第一に考えて。与えられた仕事は早めに片づけると吉。

2024 9 September
振り返ってみる月

今月の開運メッセージ

体調の変化に敏感になっておきたい時期。頭痛やめまいなど、ちょっとした不調も放っておかずに、早めに対処することが大切。心の健康にも気を遣って、ストレスはこまめに発散しましょう。また、やり残していることがあるなら、後回しにせずに今月中に片付けること。どんなことにもすぐに対応し、気がかりなこともすぐに解消するようにしましょう。

今月の開運行動

 To Doリストで
優先順位を明確に

 忘れ物に注意してみる

 自分や大切な人の
小さな変化に敏感になる

天星ナンバー別
今月のお言葉

あなたの
天星ナンバー
をチェック!

RED

赤
（偶数年生まれ）

白
（奇数年生まれ）

2
3
8

期待がはずれても落ち込みすぎず、いろいろな人の考えを学べたと考えて。体調を崩す前に休むことでトラブル回避。大事なことは再確認を。

何事も楽しみながらやってみると、いい流れで過ごせる運気。大事なことほど早めに終わらせ、中旬以降はペースを落として自分時間に。

41
47

考えすぎて前に進めないのなら今月は「やってみたい」という好奇心を優先して。人生を動かすために自分の心と体をきちんと動かせるように。

あなたの中にあるエネルギーが目覚め、なんでもできるとき。勝ち負けにこだわらず、純粋な気持ちで取り組むと、天から力を得られます。

2024 **10** *October*
運気が低迷する月

今月の 開運メッセージ

予想外の出来事が増えそうなタイミング。状況をよく
しようと無理に行動するよりは、いったん流れに身を
ゆだねてみた方がうまくいくでしょう。今月は、知ら
ない間に頑張りすぎて、疲れやストレスが溜まってし
まいそう。周りを気遣うことも大切ですが、最も優先
すべきはあなた自身です。仕事終わりやお休みの日に
はリラックスの時間をとるようにしましょう。

今月の 開運行動

 ほめられたら謙遜せず
笑顔でお礼を伝える

 約束したことは必ず実行し
口約束で終わらせない

 自分を成長させるような
時間の使い方をする

天星ナンバー別

今月のお言葉

あなたの
天星ナンバー
をチェック!

RED

赤
（偶数年生まれ）

白
（奇数年生まれ）

2

3

8

もっとよくなるために努力できる運気です。ダメ出しされても諦めず、期待されている! と前向きに。苦手なことに取り組むと開運。

予想外が増える予感。物事がうまくいかなくても、自分を責めないで。そこから学ぶことであなた自身を磨くチャンスに。暴飲暴食はNG。

41

47

"言霊"が強い月。つらいときこそ「わたしは幸せ」と唱えてみて。良縁にも恵まれそうな運気です。積極的な行動にツキあり。自分を信じて。

おいしい話に要注意。安請け合いは控えて。あなたの選択で運命は変化。ケガもしやすいので、落ち着いて行動を。

2024 **11** *November*

八方塞がりになりやすい月

今月の **開運メッセージ**

今月は、自宅をパワースポットに。早めに大掃除や整理整頓をしましょう。家族や本当に大切な人に恩返しがテーマ。また、好きな映画を観たり、趣味を楽しんだりすると、いい気分転換になるかも。うまくいかないことも増えそうですが、焦ってはダメ。じっくり、ゆっくりと歩んでいけば、やがて幸運が巡ってきます。

今月の **開運行動**

 「いつか使うかも」と捨てられずにいるものを手放してみる

 肌や髪のケアにじっくりと時間をかけてみる

 入浴剤やバスソルトにこだわりお風呂時間を楽しむ

今月のお言葉

天星ナンバー別

あなたの
天星ナンバー
をチェック!

RED   WHITE

赤
（偶数年生まれ）

白
（奇数年生まれ）

あなたの波長が変わってくるとき。波長に合わなくなったものは離れていきますが、新しい縁が巡る兆し。大切なものは守られるはず。

頑張りすぎは禁物。疲れが出るとメンタルもダウンするので、自分をいたわること。大変なときは周りに助けを求めてみて。失くし物には注意。

物事を決めつけず、自分も人もありのままの姿を認めることが開運に。たまには自分にご褒美を。

見返りを求めない行動が幸運を呼び込む月。あなたを救ってくれる人が現れることも。「メールの返信は早めに」が幸運につながります。

2024 12 *December*
リセットの月

今月の開運メッセージ

自分にとってよくない人間関係を見直したいとき。どれだけ頑張っても関係が改善しないなら、魂をすり減らして期待するより、諦めることも必要。大切にしていた物との縁がきれる場合もありますが、それは今のあなたにとって必要な出来事だと前向きに受け止めましょう。過去を振り返らずに、前を向いていれば、やがて素敵な出会いが舞い込んでくるはずです。

今月の開運行動

1 落としものに気をつけて
大事なものは持ち出さない

2 メールやメッセージに
1通ずつ心を込めて返信する

3 嘘やごまかしはせず
どんなときでも素直でいる

天星ナンバー別
今月のお言葉

あなたの
天星ナンバー
をチェック!

RED

★
★
★

赤
（偶数年生まれ）

白
（奇数年生まれ）

2

3

8

自分らしさが徐々に戻ってくる月。やりたいことが増えるので、興味を抱いたことにはトライしてみて。それが夢の種になることも。

物でも人でも、今の波長に合わないものを手放してみましょう。身軽になるほど、今後のあなたにふさわしい縁がやってくるはず。

41

47

自分にも人にも優しい言葉を使うと、穏やかな年末が過ごせそう。ファッションにゴールドを取り入れると運気アップ。

プチ贅沢がテーマの月。上質のものを身につけたり、一流のものに触れたりすることで運も上昇。今よりワンランク上をめざしてみましょう。

LAST QUARTER MOON

2024年
日々の
開運メッセージ

Daily Fortune Message

先々を見通してみたり
その日がどんな日なのか調べてみたり
日々の過ごし方や考え方の
参考にしてみてくださいね。

運気キーワード

《 吉凶日 》

天赦日

「天が赦す日」と書くように、神様がすべての罪を赦し、障害が取り除かれる日とされています。一粒万倍日より数が少ない大吉日。結納や婚姻届の提出など、結婚にまつわることを行うのによく、新しいことを始めるのにもいい日です。

一粒万倍日

「一粒の種子が万倍にもなって実る」という意味をもち、何かを始めるのにいい日とされています。財布の新調にも最適。ただし、人からお金やものを借りると、万倍に膨らみ凶となるため注意してください。

不成就日

要注意日。何事も成就しない、悪い結果を招いてしまう日とされています。結婚、開店、起業など、新しいことを始めるのは避けた方がいい日です。

> 吉日と不成就日が重なる場合には、あまり新しい行動を起こさない方がベター。

《 月の満ち欠け 》

● 新月

新しいスタートを切るのにいいとき。新しいものを買うのにもいい日とされています。

◗ 上弦

新月から満月へと満ちていくとき。判断力や決断力が高まっているときで、積極的な行動を起こすのに適した日とされています。

◖ 下弦

満月から新月へと欠けていくとき。物事をリセットしたり、デトックスしたり、感情のリセットなどにも向く日とされています。

○ 満月

不要なものを手放すのにいい日とされています。

PHASES OF THE MOON

日々の開運メッセージ

2023 **11** *November*

毎日の運気を
チェック!

八方塞がりになりやすい月

DATE

1	Wed.		うまくいかないときは周りにヘルプを頼むと吉。
2	Thu.		強引な態度をとるのは NG。謙虚さを心がけて。
3	Fri.		たくさん情報を集めれば、打開策を発見できそう。
4	Sat.		気乗りしなくても、誘われたら快く応じよう。
5	Sun.		腐れ縁の人とはキッパリ決別すること。執着は×。
6	Mon.		言い訳や自己中心的な行動をしないよう気をつけて。
7	Tue.		憧れの人と近づけても、浮かれすぎには注意。
8	Wed.	不成就日	直感に頼るのはやめて、慎重に行動しよう。
9	Thu.		初心にかえって取り組むと、いい気づきがありそう。
10	Fri.		不要なものをネットで売ると、気分もスッキリ。
11	Sat. 一の酉	一粒万倍日	できるだけ多くの人が満足する方法を見つけて。
12	Sun.	一粒万倍日	順調に進んでいたことが急に中断。大人しく従おう。
13	Mon.		ネガティブな噂を聞いても、聞き流すのが無難。
14	Tue.		嫌なことが起きたら、時が過ぎるのを待ってみよう。
15	Wed.		いつもと違う服装で出かけてみると、魅力アップ。

16 Thu.	不成就日	準備をしっかりすることでミスに早めに気づけそう。
17 Fri.		読書で知識を吸収すると、興味の湧くジャンルを発見!
18 Sat.		疲れがピークに。早めに帰って心身を癒して。
19 Sun.		地道な努力が認められ、思わぬ人から評価されそう。
20 Mon. ◗		相手をよく知らないのに信用するのはやめておこう。
21 Tue.		同じミスを繰り返さないよう、気を引き締めて。
22 Wed.		お金に関わることがあるなら慎重な姿勢を心がける。
23 Thu. 二の酉	一粒万倍日	自分の内面をさらけ出してみると距離が近づく気配。
24 Fri.	一粒万倍日 不成就日	助けを求められたら手を貸すと、運気が上向きに。
25 Sat.		気丈に振る舞うことで周りの人から信頼されそう。
26 Sun.		欠点を指摘されたら、素直に受け止めること。
27 Mon. ●		身の回りを整理整頓してみて。やる気がアップ!
28 Tue.		周りの話を聞くと意外な発見があり勉強になる予感。
29 Wed.		投げやりにならず人の意見を柔軟に取り入れると◎。
30 Thu.		焦ってもすぐに決断するのは×。じっくり考えよう。

● 新月　◗ 上弦　◯ 満月　◖ 下弦

2023 **12** *December*

リセットの月

毎日の運気を
チェック!

DATE

1	Fri.		相手任せにせず、自分から積極的に動いてみて。
2	Sat.	不成就日	何かと焦ってしまいそう。落ち着いて行動しよう。
3	Sun.		悩みがようやく解決したり、欠点を克服できるかも。
4	Mon.		努力が少しずつ実を結びそう。最後までやり抜こう。
5	Tue. ◗	一粒万倍日	順調なときほど過信は禁物。気を引き締めること。
6	Wed.	一粒万倍日	やる気のない態度にがっかりしても感情は抑えて。
7	Thu.	一粒万倍日	思うように進まず空回り。無理にあがくのは NG。
8	Fri.	一粒万倍日	よくない縁は見直して。手放すことで運気が上昇。
9	Sat.		1人で抱え込まず、悩みや不安は周りに打ち明けて。
10	Sun.	不成就日	相手が笑顔になれることをすれば、自分も幸せに。
11	Mon.		本当に大切なものは何かを考えて、取捨選択を。
12	Tue.		周囲に振り回されそう。意見はしっかりと伝えて。
13	Wed. ●		頼まれ事を引き受けると感謝されて信頼度アップ。
14	Thu.		偉そうな態度をとらないよう、控えめな姿勢でいて。
15	Fri.		ダメもとでも再アタックが吉。予想外によい展開に。

16 Sat.		年末年始の出費を確認。計画的に使うことが大切。
17 Sun.	不成就日	過度な期待は NG。無理なお願い事は控えよう。
18 Mon.		一歩引いてみることで、言い合いを避けられそう。
19 Tue.	一粒万倍日	うまくいかないからといって、相手を責めるのは NG。
20 Wed. ◗	一粒万倍日	我慢できないことがあるなら、距離を置こう。
21 Thu.		意外なお誘いが。新鮮さを味わえていい経験に。
22 Fri. 冬至		フットワーク軽く過ごすと面白い人に出会えるかも。
23 Sat.		モヤモヤすることがあれば一度整理してみて。
24 Sun.		楽しい時間を過ごしていても体の異変には注意。
25 Mon.	不成就日	捨てることや離れることで、気持ちが軽くなりそう。
26 Tue.		集中力が落ちてミスしそう。最後まで気を抜かずに。
27 Wed. ◑		繰り返し確認をすることで、トラブルを回避して。
28 Thu.		手を抜かずに大掃除をすれば、来年は開運へ！
29 Fri.		大事なことは早めに片付けて、夜はのんびりしよう。
30 Sat.		何事も予定通りに進まない日。流れに身を任せて。
31 Sun. 大晦日	一粒万倍日	大晦日は、家でゆっくり過ごすのがおすすめ。

●新月 ◗上弦 ○満月 ◖下弦

日々の開運メッセージ

2024 1 *January*
新スタートの月

毎日の運気を
チェック!

DATE

1 Mon. 元日	天赦日 一粒万倍日	今年の抱負を周りに話してみて。叶う確率がアップ!
2 Tue.	不成就日	アンテナを常に張っておこう。いいアイデアを発見。
3 Wed.		アクティブに過ごして。素敵な出会いがあるはず。
4 Thu. ◐		得意なことをお願いされたら迷わずに OK しよう。
5 Fri.		新年の忙しさで疲れが蓄積。こまめに休憩をとって。
6 Sat.		なんでもスムーズに進みそう。充実した 1 日に。
7 Sun. 七草		食べすぎてしまうかも。腹八分目に留めて。
8 Mon.		学生時代の友達と近況報告をすると盛り上がりそう。
9 Tue.		豊かな発想力を活かして、相手を喜ばせてみよう。
10 Wed.	不成就日	仕事は後回しにしないで、今日中に終える努力を。
11 Thu. ●		気がのらなくても最後まで全力で取り組もう。
12 Fri.		ショックなことが起きるかも。落ち込みすぎないで。
13 Sat.	一粒万倍日	子どもと触れ合ってみて。素直な心を思い出せるはず。
14 Sun.		初めてのことでも、ためらわずに挑戦してみよう。
15 Mon.		デスク周りの雰囲気を変えると、いい気分転換に。

16	Tue.	一粒万倍日 不成就日	周りの状況が気になっても自分の仕事に集中しよう。
17	Wed.		深呼吸してリラックス。気持ちの切り替えも大切。
18	Thu. ◗		周りの人に夢を語ると、いいアドバイスをもらえそう。
19	Fri.		毎日使うものは、こまめに手入れすることを心がけて。
20	Sat.		出費がかさみそう。たまには節約を楽しむのも◎。
21	Sun.		落ち着いたトーンの服を選ぶと、好感度がアップ。
22	Mon.		評判のお店を予約。穏やかで楽しい時間になりそう。
23	Tue.		気になる人に話しかけられても舞い上がらないで。
24	Wed.	不成就日	焦って動くとトラブルの予感。余裕をもとう。
25	Thu.	一粒万倍日	思わぬミスが発覚。責任をもって対応すれば大丈夫。
26	Fri. ○		直感が冴えそう。掘り出し物を見つけられるかも。
27	Sat.		軽いストレッチで体をほぐして、柔軟な体を作ろう。
28	Sun.	一粒万倍日	健康や美容のために食生活を見直してみると◎。
29	Mon.		疲れが出てきたら無理をせず早めに帰ろう。
30	Tue.		頑張りが認められそう。幸せを目いっぱい味わって。
31	Wed.		ストレス発散をしたくてもハメを外さないよう注意。

● 新月　◗ 上弦　○ 満月　◖ 下弦

2024 2 *February*

毎日の運気をチェック!

物事を見直す月

DATE

1	Thu.	不成就日	もう一度交渉をするなら謙虚な姿勢を心がけよう。
2	Fri.		目上の人からの紹介なら、期待してもいいかも。
3 Sat. ◑ 節分			相手のいいところは、言葉に出してほめてみよう。
4 Sun.			親切心が裏目に出そう。気の遣いすぎに注意して。
5	Mon.		イラッとしても我慢。感情が落ち着くのを待とう。
6	Tue.		理解してもらえなくても自暴自棄にならないように。
7	Wed.	一粒万倍日	仕事帰りにショッピングへ。気分が上向きに。
8	Thu.		バレンタインのリサーチや計画をするといい日。
9	Fri.	不成就日	友達のおすすめをチェック。お礼も忘れずに。
10 Sat. ●			気になる不調があるなら、すぐ病院で診てもらおう。
11 Sun.			突然の頼まれ事も落ち着いて挑めばうまくいくはず。
12 Mon.		一粒万倍日 不成就日	気が緩んで転びやすそう。足元には気をつけよう。
13	Tue.		苦手なことに挑戦を。意外とすんなり終えられそう。
14	Wed.		バレンタインデートは少し贅沢なプランでも◎。
15	Thu.		自分へのご褒美は奮発すると、いいストレス発散に。

16	Fri.		全員と仲良くしなくても大丈夫。流れに身を任せて。
17	Sat.	●	成果が出なくても焦らず、学ぶ姿勢を大事にしよう。
18	Sun.		部屋の整理整頓をすれば、気持ちまでスッキリ。
19	Mon.	一粒万倍日	職場の人から誘われたら顔を出して。楽しい時間に。
20	Tue.	不成就日	将来に役立つ資格や趣味などのリサーチをしよう。
21	Wed.		実力が認められて、次のステージに進める予感。
22	Thu.		結果が出なくてもイライラしては×。地道に努力を。
23	Fri.		気になる人にアプローチすれば、うれしい展開に！
24	Sat.	● 一粒万倍日	昼寝をして元気を回復させれば、テキパキ動けそう。
25	Sun.		街で素敵な人を観察。明日から真似してみて。
26	Mon.		作業が順調に進んで、もうすぐ目標達成できそう。
27	Tue.		これまでを振り返り、軌道修正をするのにいい日。
28	Wed.	不成就日	問題に巻き込まれても、口を挟まない方が正解。
29	Thu.		自分だけが正しいと思わないで、広い視野をもとう。

●新月 ●上弦 ●満月 ●下弦

日々の開運メッセージ

2024 **3** *March*
決断する月

毎日の運気を
チェック！

DATE

1	Fri.		悪いことが起きるのはよいことの前兆だと考えて。
2	Sat.	一粒万倍日	友達だった人を恋愛対象として意識し始めるかも。
3	Sun. ひな祭り		栄養豊富な朝食を食べて活動的な1日を過ごそう。
4	Mon.	◑	人から聞いたことは鵜呑みにせず自分で確かめて。
5	Tue.		アロマなど、香りの力を使ってストレスを発散。
6	Wed.		地道な努力のおかげで、ようやく夢が叶いそう。
7	Thu.	不成就日	モヤモヤしたら、同僚や友達と思い切り笑い合おう。
8	Fri.		失敗しても再トライ。諦めなければ、きっと大丈夫。
9	Sat.		お花見の準備は早めに。計画は念入りにすると安心。
10	Sun.	● 一粒万倍日	素敵な贈り物をもらって、幸せいっぱいな気分に。
11	Mon.	不成就日	悲しい別れがあっても執着せずに前を向いていこう。
12	Tue.		思い通りに進まなくても、一度受け入れてみよう。
13	Wed.		苦手な人とは無理して付き合わず距離を置いても。
14	Thu.		一度決心したら、迷わずどんどん突き進んで。
15	Fri.	天赦日 一粒万倍日	好きなことに熱中すると、あなたの魅力がアップ！

16 Sat.		心身ともに疲れていても、気合いで乗り切ろう。
17 Sun. ◗		体調に異変が出やすいかも。慣れない場所は×。
18 Mon.		自分を信じて進もう。後から評価もついてくるはず。
19 Tue.	不成就日	やる気が出にくい日。気持ちを入れ替えてみて。
20 Wed.		終わったはずの問題が再燃。今度こそ解決を。
21 Thu.		来月からのお金の出入りを把握しておくと◎。
22 Fri.	一粒万倍日	同僚と話してみて。迷いが消えて前に進めそう。
23 Sat.		年上の人からの言葉に、気づきをもらえる可能性が。
24 Sun.		厳しい指摘も素直に聞いて、改善に努めよう。
25 Mon. ○		1人で静かに考えてみて。頭の中を整理できるはず。
26 Tue.		チャンスはすぐそこに！ しっかり準備をしておこう。
27 Wed.	一粒万倍日 不成就日	話題のお店に行くと、新鮮で面白い体験ができそう。
28 Thu.		気持ちが固まったのなら、力強く一歩を踏み出して。
29 Fri.		休むことも大切。今日は早く帰る日と決めておこう。
30 Sat.		夢が膨らむ日。自分の力を発揮できるかも。
31 Sun.		甘い誘惑に惑わされないよう、心を強くもって。

●新月 ◗上弦 ○満月 ◖下弦

2024 4 *April*
メンテナンスの月

毎日の運気を
チェック!

DATE

1	Mon.		目上の人のサポート役に回ると、うまくいきそう。
2	Tue.		チーム内でいざこざが起きたら、謙虚に振る舞って。
3	Wed.	一粒万倍日	人の温かさに触れられそうな日。感謝を忘れずに。
4	Thu.	不成就日	注意力が散漫になりやすいので、慎重に行動しよう。
5	Fri.		相手のペースを尊重すること。一方的に責めないで。
6	Sat.	一粒万倍日	人間関係の問題は長引かせずに、解決を急ごう。
7	Sun.		今日はしっかり休んで、明日からの元気をチャージ。
8	Mon.		生活にちょっとした変化を取り入れると、いい刺激に。
9	Tue.	一粒万倍日 不成就日	体力アップのために、できることを考えてみて。
10	Wed.		運気の波にのるため、体の不調は今のうちにケア。
11	Thu.		興味のあったお店や物を試すと、充実した1日に。
12	Fri.		無理に取り繕わず、素直さを大事にしよう。
13	Sat.		どんなことも楽しめるよう、工夫をこらしてみて。
14	Sun.		守りの姿勢でいた方が、いい結果につながるかも。
15	Mon.		友達と食事を。他愛もない話が心を癒してくれそう。

16 Tue. ◐		万が一のトラブルに備えて、対策は考えておこう。
17 Wed.	不成就日	何気ない言葉が気になりモヤモヤ。考えすぎないで。
18 Thu.	一粒万倍日	今日は頑張りすぎず、早めに帰ってリラックスして。
19 Fri.		理想の恋人像をはっきりさせると、迷いが消えそう。
20 Sat.		変化に憧れても、今は留まっておくのが正解。
21 Sun.	一粒万倍日	気分転換に春の季節を感じに出かけてみよう。
22 Mon.		敵が現れても戦わず、さらっとかわすのがベター。
23 Tue.		いつも支えてくれる人のありがたみを感じられそう。
24 Wed. ○		調子にのって食べすぎてしまうかも。腹八分目が◎。
25 Thu.	不成就日	連休の計画を考えて。懐かしい場所がおすすめ。
26 Fri.		日頃の頑張りを労って、同僚に差し入れをしてみよう。
27 Sat.		家でだらだらせずに、外に出かけると楽しい日に。
28 Sun.		メンタルダウンしやすいとき。ゆったり過ごして。
29 Mon.		周りにイライラしたら3回深呼吸をして落ち着こう。
30 Tue.	一粒万倍日	気になっていたことと向き合う1日になりそう。

●新月 ●上弦 ●満月 ●下弦

2024 **5** *May*

毎日の運気を
チェック!

努力が報われる月

DATE

1	*Wed.* ◗		好きな人から誘われたら即 OK を。うれしい展開に。
2	*Thu.*		興味のあることを試すと、想像以上に楽しめそう。
3	*Fri.*	一粒万倍日 不成就日	考えていることを言葉にしよう。絆が深まるかも。
4	*Sat.*		運動不足と感じたらストレッチから始めてみよう。
5	*Sun.* 端午の節句		心身ともに調子がよさそう。全力で 1 日を楽しもう。
6	*Mon.*		自分から誘うより、相手からのアプローチを待って。
7	*Tue.*		ポジティブな言葉や笑顔を意識すれば周りも幸せに。
8	*Wed.* ●		計画性を大事にしていれば、いい結果になるはず。
9	*Thu.*		自分の意見を尊重してもらったら、きちんと感謝を。
10	*Fri.*		納得いかなくても今日のところは相手に合わせよう。
11	*Sat.*	不成就日	動くには早いみたい。今はまだ待ちの姿勢で。
12	*Sun.*		客観的に見てみると、状況がよくなっていくかも。
13	*Mon.*		きちんと納得できたなら、あとは突き進むのみ。
14	*Tue.*		スキルアップの勉強を始めて。楽しむ姿勢を大切に。
15	*Wed.* ◗	一粒万倍日	素直な気持ちを言葉で伝えて。想いが届きそう。

16 Thu.	一粒万倍日	うまくいかなくても、もう一度立ち上がってみて。
17 Fri.		今日知り合った人とのご縁は大切にしておこう。
18 Sat.		所持金は必要最低限にしておくと、浪費を回避。
19 Sun.	不成就日	旧友をお茶に誘ってみよう。気持ちが穏やかに。
20 Mon.		旬のものを手土産にすると、喜んでもらえそう。
21 Tue.		大事な仕事は明日に回さず、今日終わらせて。
22 Wed.		時と場所に合った洋服を選ぶように気をつけて。
23 Thu. ●		泣きたくなることがあるかも。受け入れるのも大事。
24 Fri.		期待通りにならなくても、不満や愚痴は言わないで。
25 Sat.		さっぱりしたものを食べよう。アイデアが湧きそう。
26 Sun.		欲しかったものを見つけたら、迷わず買ってOK。
27 Mon.	一粒万倍日 不成就日	朝ご飯をしっかり食べておくと直感力がアップ。
28 Tue.	一粒万倍日	仕事で使うパソコンのメンテナンスをすると◎。
29 Wed.		1人で頑張るよりも、周りを頼るとスムーズかも。
30 Thu.	天赦日	楽しいお誘いがありそう。ハメを外さないように注意。
31 Fri. ◗		諦めていたことに再挑戦すると、満足な結果に。

● 新月　◐ 上弦　○ 満月　◗ 下弦

2024 6 *June*

毎日の運気を
チェック!

誘惑が多い月

DATE

1 Sat.		おいしい飲み物でひと息ついてから出かけると吉。
2 Sun.		調子がよくても欲張るのは×。現状を楽しんで。
3 Mon.		家族からのアドバイスは、素直に聞いておこう。
4 Tue.	不成就日	秘密がバレてしまうかも。言い訳をせずに謝ること。
5 Wed.		迷いが生じても、一時的な感情に流されないように。
6 Thu. ●		出会いは第一印象が大切。明るくフランクにいこう。
7 Fri.		できるだけシンプルに話すと意思疎通がスムーズに。
8 Sat.		メモを見返し、忘れていることがないか確認しよう。
9 Sun.		思い切り遊ぶのはいいけど体調を崩さないよう注意。
10 Mon.	一粒万倍日 / 不成就日	苦手な人とわかり合えて、仲良くなれそうな予感。
11 Tue.	一粒万倍日	逃げ出さず問題に向き合えば解決策が見えそう。
12 Wed.		昔の友達と再会。思い出話で楽しい時間になるはず。
13 Thu.		明るい色の物を身につけると、気分が上向きに。
14 Fri. ◑		お誘いが増えそうな予感。尊敬できる人なら◎。
15 Sat.		よかれと思ったことが裏目に。静かにしていよう。

16 Sun.		1人で決めずに、周りのみんなに意見を聞いてみて。
17 Mon.		心配事が解消できそう。リセットして次に進もう。
18 Tue.	不成就日	誤解を防ぐためにも、気持ちはちゃんと伝えよう。
19 Wed.		違う業界で働く友達に話を聞くと世界が広がるかも。
20 Thu.		噂話は鵜呑みにせず、自分で真偽を確かめて。
21 Fri.		仕事帰りはマッサージや整体などで心身を癒そう。
22 Sat. ●	一粒万倍日	自分を労って、おいしいご飯を食べに行こう。
23 Sun.	一粒万倍日	浮かれすぎてドジな失敗をしないよう気をつけて。
24 Mon.		悪い方向に進んでいるなら、ここで軌道修正。
25 Tue.		ネイルなど少し贅沢をすると、魅力が更にアップ。
26 Wed.	不成就日	仕事後に同僚に誘われても、早く帰るのがベター。
27 Thu.		仲がよくても、お金の貸し借りには注意して。
28 Fri.		ワガママはNG。謙虚な姿勢を大切にしよう。
29 Sat. ◑		一人だと爆発しそう。誰かに頼ってみるのも大事。
30 Sun. 夏越の祓		お世話になった人に夏のギフトを選んでみよう。

● 新月　◐ 上弦　○ 満月　◑ 下弦

2024

7

July

再挑戦できる月

毎日の運気を
チェック!

DATE

1	Mon.		ブラッシュアップしてから提案すると、いい結果に。
2	Tue.		刺激を受けた本を読み返すと、気づきを得られそう。
3	Wed.		機嫌が悪くても周りの人を振り回さないようにして。
4	Thu.	一粒万倍日 不成就日	もうすぐあなたの力が発揮され、願いが叶う予感。
5	Fri.	一粒万倍日	曖昧な態度は NG。意思表示はハッキリとしよう。
6	Sat. ●		パートナーと初デートの場所に行くと、恋心が再燃!
7	Sun.		積み重ねてきたことが役に立つ場面がありそう。
七夕			
8	Mon.	一粒万倍日	遊び心あるアイテムを身につけて。会話が膨らむかも。
9	Tue.		職場のいざこざには関わらないでおくのが正解。
10	Wed.		ミスが増えたと感じるなら、違う方法を試してみて。
11	Thu.	不成就日	軽いストレッチや散歩で、運動不足を解消しよう。
12	Fri.		友達や知人から、うれしいニュースが届く予感。
13	Sat.		ゆっくり休んでみると、大切なことが見えてきそう。
14	Sun. ◖		趣味を極めてみよう。新しい世界が広がるかも。
15	Mon.		自然のパワーを感じる場所へ。気持ちが穏やかに。

16 Tue.		まとめ役を引き受けてみて。信頼を得られるはず。
17 Wed.	一粒万倍日	自信過剰にならないことがスムーズにいく秘訣。
18 Thu.		途中でやめてしまったことに再挑戦すると吉。
19 Fri.	不成就日	お目当ての品をプレゼントされそう。お礼を伝えて。
20 Sat.	一粒万倍日	頑張ってきたことに成果が。たまにはひと息つこう。
21 Sun. ●		家族に連絡を。疲れた心が癒されていくはず。
22 Mon.		みんなが嫌がる仕事も率先して取り組んでみよう。
23 Tue.		無理している関係なら思い切って距離をとってみて。
24 Wed.		こだわりをもって進めば、新しい発見があるかも。
25 Thu.		耳寄りな情報が入るかも！目標に近づける予感。
26 Fri.		友達だと思っていた人にときめく可能性が。
27 Sat.	不成就日	栄養のある食事を積極的にとって元気を取り戻そう。
28 Sun. ◗		夏らしいイベントを満喫。いいご縁があるかも。
29 Mon.	天赦日 一粒万倍日	欲しいものが増えそう。必要かどうか賢く選ぼう。
30 Tue.		諦めたことに再挑戦しよう。今度はうまくいくはず。
31 Wed.		地道に続けてきた努力がついに実を結びそう。

● 新月　◗ 上弦　○ 満月　◖ 下弦

2024 **8** *August*

毎日の運気を
チェック!

吉凶混ざり引きが強い月

DATE

1	Thu.	一粒万倍日	パートナーと将来の話をしよう。絆が深まるかも。
2	Fri.		自分の意見は抑えて、周りの意見を聞くと◎。
3	Sat.		暑くても睡眠の質を上げられるよう工夫をしてみて。
4	Sun. ●		ネガティブな気持ちにならないように笑っていよう。
5	Mon.		スタミナのつく食べ物を食べて、元気を充電。
6	Tue.	不成就日	動きやすい服を着ておけば問題なく過ごせそう。
7	Wed.		仲間とこまめにやりとりをして結束力を強めよう。
8	Thu.		余裕をもった行動を心がけて遅刻を回避して。
9	Fri.		夜はちょっぴり贅沢をして心を満たすようにしよう。
10	Sat.		過信はトラブルのもと。慎重すぎるくらいが GOOD。
11	Sun.	一粒万倍日	懐かしい人に会いに行くと、いい気分転換に!
12	Mon.	天赦日	親しい人たちとプチ贅沢な食事で夏を満喫して。
13	Tue. ◐		流行りの曲を聴いてみると、不思議と癒されそう。
14	Wed.	不成就日	体調を崩しやすいかも。暑さ対策は万全にすること。
15	Thu.		協調性を大事にすれば揉めごとを避けられるはず。

16 Fri.	一粒万倍日	チームの問題は放置せずに解決する努力を。
17 Sat.		自分の信念を貫くことで新しい発見がありそう。
18 Sun.		何気ない会話の中に悩みごとの答えがあるかも。
19 Mon.		自分の癒し方を知っておけば疲れて帰っても大丈夫。
20 Tue.		柔らかい素材の服を選んで穏やかに過ごそう。
21 Wed.		頑張りが評価されそう。素直に喜びを表現しよう。
22 Thu.	不成就日	金欠でピンチかも。衝動買いには気をつけて。
23 Fri.	一粒万倍日	状況に合わせて再挑戦すればいい流れにのれるかも。
24 Sat.		いつもとアプローチを変えると、スムーズな展開に。
25 Sun.		仲間を誘って食事をすれば、楽しく過ごせそう。
26 Mon.		勝負に出るより、もう少し様子を見ておく方が◎。
27 Tue.		気持ちが不安定になりそう。一度冷静になろう。
28 Wed.	一粒万倍日	財布やカバンの中身を整理して運気アップ！
29 Thu.		興味のあったことを始めると、後で大きな実りに。
30 Fri.	不成就日	自分の意見や気持ちを相手に伝える努力をしよう。
31 Sat.		心身ともに健康的になるために生活習慣を整えて。

● 新月　◐ 上弦　◯ 満月　◑ 下弦

日々の開運メッセージ

2024 9

September
振り返ってみる月

毎日の運気を
チェック!

DATE

1 Sun.		不調を無視しないで。今日はゆっくり体を休めよう。
2 Mon.		任されるのは認められている証拠。自信をもって。
3 Tue. ●		心が浮つきがち。目の前のことに集中しよう。
4 Wed.	一粒万倍日 不成就日	服を買いに行くなら今日は古着屋さんがいいかも。
5 Thu.		周りから頼りにされたら責任感をもって取り組もう。
6 Fri.		気になる人と進展の予感。雰囲気作りがカギに。
7 Sat.		興味のない話でも聞き役に徹するようにすれば◎。
8 Sun.		横やりが入ってじれったい日。流れに身を任せよう。
9 Mon. 重陽の節句		悩むのはもうおしまい。周りの声援を励みに前進を。
10 Tue.		新しいものを身につけると一気に魅力がアップ。
11 Wed. ◑		年下の人と話してみて。刺激をもらえて楽しめそう。
12 Thu.	一粒万倍日 不成就日	月末までに動き出せるよう、周りと協力して準備を。
13 Fri.		自然の美しさに触れることで心が癒されるはず。
14 Sat.		友達や知人からの誘いは積極的に楽しんで!
15 Sun.		二度寝に注意。大事な予定が流れてしまいそう。

16 Mon.		1人で解決できそうにないなら、友達に相談を。
17 Tue. 中秋の名月	一粒万倍日	諦めずに続けていれば、信頼を勝ち取れるはず。
18 Wed. ●		お得に買い物できるかも。早めの帰宅を心がけて。
19 Thu.		元気がでない日。静かにしている方がよさそう。
20 Fri.	不成就日	パートナーを信じられなくなっても、口論は避けて。
21 Sat.		忘れ物をしそう。移動時は持ち物のチェックを。
22 Sun.		初対面の場でも、自分らしく堂々と振る舞って。
23 Mon.		今月やるべきことは、今月のうちに終わらせると吉。
24 Tue.	一粒万倍日	準備は抜かりなく。うれしい結果につながりそう。
25 Wed. ◑		あまり相手を責めないで。大目に見ることも大事。
26 Thu.		肩の力を抜き自然体でいよう。好感度がアップ。
27 Fri.		大切な人を傷つけないよう発言には気をつけて。
28 Sat.	不成就日	昔の友達に連絡を。思い出話に花が咲きそう。
29 Sun.	一粒万倍日	協調性を心がけると、充実した時間を過ごせるはず。
30 Mon.		やってきたことが評価され、満足感で満たされそう。

●新月 ◐上弦 ◯満月 ◑下弦

2024 10 *October*

毎日の運気を
チェック!

運気が低迷する月

DATE

1 Tue.			悪いところを指摘されたら、改める努力をしよう。
2 Wed.			忙しくても、まずは落ち着いて。1つひとつ対処を。
3 Thu. ●	不成就日		身近な人にトラブルがあるかも。優しく寄り添って。
4 Fri.			目標がわからなくなっているなら視野を広げてみて。
5 Sat.			思いっきり体を動かそう。リフレッシュして運気アップ。
6 Sun.	一粒万倍日		健康な体は食事から。積極的に栄養をとろう。
7 Mon.			人間関係でストレスが。自分を癒す時間をとって。
8 Tue.			無理に周りと合わせなくても大丈夫。本音を大事に。
9 Wed.	一粒万倍日		ストレス発散にはスイーツが◎。食べすぎに注意。
10 Thu.			周りと足並みを揃えて進めると、よい流れに。
11 Fri. ◗	天赦日 不成就日		思わぬ出費がありそう。今日からコツコツ貯金を。
12 Sat.	一粒万倍日		穏やかな休日を過ごせそう。帰宅は早めが GOOD。
13 Sun.			思い上がっていると反感を買うかも。謙虚さが大切。
14 Mon.			大切なものを失くしそう。慎重な行動を心がけて。
15 Tue.			相手をコントロールするより、見守るスタンスで。

16 Wed.		早起きして近所を散歩すると新しい発見がありそう。
17 Thu. ●		無理が続いたならば、自分の体調を優先して。
18 Fri.		嫌な噂を耳にしても気にしないこと。聞き流して OK。
19 Sat.	不成就日	1人で頑張りすぎず、友達や家族を頼ってみて。
20 Sun.		お気に入りの服を着て少し贅沢な休日を過ごそう。
21 Mon.	一粒万倍日	気が緩むと思わぬ失敗が。確認作業は念入りに。
22 Tue.		気になっていた相手と再会のチャンスがあるかも。
23 Wed.		提案したことは自信をもって進めてみよう。
24 Thu. ◑	一粒万倍日	家族との時間を大切にして。ほっと安らぐはず。
25 Fri.		今日の出会いには少し慎重になっておくといいかも。
26 Sat.		イライラしてしまっても感情は表に出さないで。
27 Sun.	不成就日	悲しい別れも成長に必要だったと受け止めよう。
28 Mon.		普段と違う雰囲気の服で外出してリフレッシュ。
29 Tue.		無理はしないで。一歩一歩進んでいけば大丈夫。
30 Wed.		困っているときに手を貸してくれる人を大事に。
31 Thu.		人間関係のすれ違いは放っておかずに解決して。

●新月 ◐上弦 ◯満月 ◑下弦

日々の開運メッセージ

2024 11

November

毎日の運気を
チェック!

八方塞がりになりやすい月

DATE

1	Fri.	●		いつもサポートしてくれる仲間に感謝を伝えよう。
2	Sat.		一粒万倍日	相手の見た目に惑わされず、内面を見るようにして。
3	Sun.			旧友に相談すると役立つアドバイスをもらえそう。
4	Mon.		不成就日	尊敬している人を、急に異性として意識しだすかも。
5	Tue.		一粒万倍日	寂しくなったら、パートナーに素直に連絡してみて。
	一の酉			
6	Wed.			こまめにストレッチをして、体の調子を整えよう。
7	Thu.			無理して動くと空回りするかも。流れに身を任せて。
8	Fri.			部屋やデスクを整理整頓すれば運気アップ。
9	Sat.	◗		何かを始めるなら準備に抜けがないかチェックしよう。
10	Sun.			予定が重なっていないかスケジュールを確認して。
11	Mon.			最近の悩みがふっきれて気持ちがラクになりそう。
12	Tue.		不成就日	指摘を素直に聞き入れると、ミスを回避できるかも。
13	Wed.			相手を嫌な気持ちにさせないように言葉を選んで。
14	Thu.			ほめられても天狗にならないように注意しよう。
15	Fri.			昔の写真が開運のカギ。懐かしい思い出に浸ろう。

16 Sat. ●		冬物のアイテムを探しに出かけよう。満足な買い物が。
17 Sun. 二の酉	一粒万倍日	いろんな人の意見を聞けば、解決策が見つかるはず。
18 Mon.	一粒万倍日	家族が相手でも、自己中心的に振る舞うのは×。
19 Tue.		不安でいっぱいでも、気持ちが落ち着くのを待とう。
20 Wed.	不成就日	悩みから逃げずにしっかり向き合ってみよう。
21 Thu.		素敵な人に出会ったら、まずは友達から始めて。
22 Fri.		息抜きの時間は同僚と共通の話題で盛り上がろう。
23 Sat. ◗		毎日使う物はデザイン優先で選んでみると◎。
24 Sun.		思い通りに動けなくても、自分を否定しないで。
25 Mon.		苦手な人と接することで、学べることがありそう。
26 Tue.		うれしい噂を耳にしても調子にのりすぎるのは NG。
27 Wed.		自分のことは後回しに。周りのために行動すると吉。
28 Thu.	不成就日	忙しくても、家族や大切な人へのケアは怠らないで。
29 Fri. 三の酉	一粒万倍日	ふとしたことで思いがけない人に惹かれる予感。
30 Sat.	一粒万倍日	未来を描けない相手とは、離れる勇気をもって。

●新月　◗上弦　○満月　◖下弦

日々の開運メッセージ

2024 **12** *December*

リセットの月

毎日の運気を
チェック!

DATE

1	Sun.	●		疲れがピークに達しそう。体調管理を優先しよう。
2	Mon.			ネガティブな気分でも、周りには思いやりをもって。
3	Tue.			パワフルに仕事をすれば、みんなのやる気もアップ。
4	Wed.			サプライズを準備して相手を笑顔にしてみよう。
5	Thu.	不成就日		我が道を行くより、周りとペースを合わせてみて。
6	Fri.			直感が外れやすい日。自分の感覚は疑う方がベター。
7	Sat.			焦りがなくなって、ようやく気持ちが落ち着きそう。
8	Sun.			楽しい思い出に浸ろう。自然と笑顔になれるはず。
9	Mon.	◐		いつも協力してくれる仲間に、御礼にご馳走しよう。
10	Tue.			年末年始の計画を立ててみて。旅行をするのも◎。
11	Wed.			アートに触れてみることで不思議と心が癒されそう。
12	Thu.			つらい経験も悲しい出来事も自分の財産になるはず。
13	Fri.	一粒万倍日 不成就日		人のために動くと、物事がいい方向に進む予感。
14	Sat.	一粒万倍日		やるべきことが溜まりそう。1つひとつこなして。
15	Sun.	●		元気よく過ごすために睡眠の質にこだわってみよう。

16 Mon.		不安なことがあるなら今日のうちに準備しておこう。
17 Tue.		物事がようやく片づいてスッキリ! ひと息ついて。
18 Wed.		景色のいい場所に足を運んで。気持ちが晴れそう。
19 Thu.		プレゼントは欲しい物を遠慮なくリクエストしよう。
20 Fri.		親しき仲にも礼儀あり。調子にのらないよう注意。
21 Sat. 冬至	不成就日	懐かしい友達や知人と会うと自分を取り戻せるかも。
22 Sun.		苦手なタイプでも、歩み寄ると上手に付き合えそう。
23 Mon. ◖		気の緩みはトラブルのもと。楽しくてもほどほどに。
24 Tue.		自分の希望より、相手の希望を優先すると吉。
25 Wed.	一粒万倍日	パートナーとリラックスする時間を大切にしよう。
26 Thu.	天赦日 一粒万倍日	大切なものは何かを意識して過ごしてみるといい日。
27 Fri.		過去にはもう執着しないで、未来に目を向けて。
28 Sat.		お出かけをして、年の瀬の雰囲気を楽しもう。
29 Sun.	不成就日	大掃除をしながら、年始の目標を考えよう。
30 Mon.		年末の疲れが出てくるかも。家でゆっくりがベター。
31 Tue. ● 大晦日		家族や友達と過ごせば、楽しい大晦日を送れそう。

Astrology　How To　Profile & Congeniality　Yearly Fortune-Telling　Monthly Fortune-Telling　Daily Fortune-Telling　Other　Ranking

●新月 ◖上弦 ○満月 ◗下弦

OTHER PROFILE

他の天星の
プロフィール

天星は全部で12タイプ。
自分以外の天星についても知って、
人付き合いに役立ててくださいね。

Profile

| 載っていること |

基本性格

各天星のトリセツ

2024年の開運のカギ

開運色・アイテム・スポット

2024年の開運相性

その星から見た基本の相性

MOON

柔らかな愛と
"繊細な光のエネルギー"をもつ

月
グループ

バランス感覚と
"自然な光のエネルギー"をもつ

地球
グループ

EARTH

秘めたパワーと
"情熱の光のエネルギー"をもつ

太陽
グループ

SUN

✶ 満月 ✶

情にあふれたロマンチスト

CHARACTER
KEYWORD

ちょっぴり
面倒くさがり屋
の星

寂しがり屋
の星

ロマンチスト
な星

たまに強気
の星

気遣い上手
の星

基本性格

想像力が豊かで温かい心をもったロマンチストな反面、冷静で現実主義的に考える面ももち合わせているタイプ。周囲の人を気遣い、困っている人を放っておけない優しさがあるため、知らないうちに気疲れしてしまいがちです。安心してのんびりできる居場所を用意して、自分を癒すことも大切に。

満月のトリセツ

好きなこと・喜ぶこと

・温泉にゆったり浸かる　　・サプライズ（する、される）
・喜んでくれる人、素直な人　・好きなだけ寝ること
・趣味や遊びの共有　　　　・優しい言葉をかけられる

嫌がること・ストレスになること

・余裕がない状況　　　　・不安や心配を抱え込む
・競争、戦い　　　　　　・無視や仲間はずれ
・威圧的な態度　　　　　・否定的な人、無神経な人

2024年の開運のカギ

| やるといいこと | 生活に運動や筋トレを取り入れる |
| 気をつけるべきこと | オン・オフの切り替え、自律神経を整える |

2024年の開運相性

恋愛運
を
上げる天星

満月
×
上弦の月

仕事運
を
のばす天星

満月
×
満月

金運
を
のばす天星

満月
×
夕焼け

基本の
開運色

紫

2024年の
開運色

**ミント
グリーン**

2024年の
開運アイテム

**手帳型
スマホケース**

2024年の
開運スポット

**フラワー
パーク**

天星タイプ別 基本の相性

満月 × **満月**
★★★★★

満月 × **大陸**
★★★☆☆

満月 × **上弦の月**
★★★★★

満月 × **海**
★☆☆☆☆

満月 × **下弦の月**
★★★★☆

満月 × **朝日**
★★☆☆☆

満月 × **新月**
★★★★☆

満月 × **真昼**
★★★★☆

満月 × **空**
★★★☆☆

満月 × **夕焼け**
★★★★☆

満月 × **山脈**
★★★☆☆

満月 × **深夜**
★☆☆☆☆

＊ 上弦の月 ＊

無邪気で警戒心の強い癒し系

CHARACTER
KEYWORD

無邪気の星

甘えん坊の星

ほめられると弱い星

ピュアな星

ちょっとわがままな星

基本性格

美的感覚が鋭く、慎重そうに見えて直感型のタイプ。警戒心は強いですが根が純粋なので、いい人だなと感じるとすぐ信じてしまうことも。仲がいいと無意識のうちにわがままになりやすく、愛が感じられないと不安定になる一面も。自分を認めてくれ、安らぎをくれる人といることが開運につながります。

上弦の月のトリセツ

↑好きなこと・喜ぶこと

・好きな人と過ごすこと　・優しく気遣われること
・お姫様、王子様扱い　・安心できる場所や人
・すぐ返信、すぐ対応　・親しい人との飲み

↓嫌がること・ストレスになること

・放置される、既読スルー　・頑張りを評価されないこと
・人と比べられること　・突然のお誘い
・アウェイな場所　・思い通りにいかない環境

2024年の開運のカギ

| やるといいこと | 好きなことに没頭する |
| 気をつけるべきこと | 胃の不調。休息をしっかりとる |

2024年の開運相性

恋愛運 を 上げる天星	仕事運 を のばす天星	金運 を のばす天星
上弦の月 × 満月	上弦の月 × 真昼	上弦の月 × 空

基本の開運色
白

2024年の開運色
トマトレッド

2024年の開運アイテム
パワーストーン

2024年の開運スポット
水がキレイな場所

天星タイプ別 基本の相性

上弦の月 × 満月 ★★★★★	上弦の月 × 大陸 ★★★☆☆
上弦の月 × 上弦の月 ★★★★☆	上弦の月 × 海 ★★★★☆
上弦の月 × 下弦の月 ★☆☆☆☆	上弦の月 × 朝日 ★★★★☆
上弦の月 × 新月 ★★☆☆☆	上弦の月 × 真昼 ★★★★☆
上弦の月 × 空 ★★☆☆☆	上弦の月 × 夕焼け ★★★★☆
上弦の月 × 山脈 ★★☆☆☆	上弦の月 × 深夜 ★★☆☆☆

☀ 新月 ☀

想像力が豊かな寂しがり屋

CHARACTER
KEYWORD

知りたがり
の星

あまのじゃく
な星

寂しがり屋
の星

ナイーブ
の星

慎重派
の星

基本性格

想像力が豊かでクリエイティブな発想に優れています。芸術的センスも抜群。本心を隠す傾向があり、警戒心が強い反面、本質は寂しがり屋です。心を許せる相手には本当の自分をさらけ出すことができます。自分の信念をもち、知識や能力を高めることに集中するといい方向にいくでしょう。

新月のトリセツ

⬆好きなこと・喜ぶこと

・マメな連絡、情報の共有 ・記念日を大切にすること
・真剣な話し合い ・気にかけてくれる人
・好きなものを写真に収める ・自分の考えに寄り添う人

⬇嫌がること・ストレスになること

・いい加減な態度 ・既読スルー
・苦しみを分かち合えない ・場を乱す人
・SOSを見過ごされる ・ひとりぼっちにされる

2024年の開運のカギ

| やるといいこと | 感動体験やワクワクすることをしてみる |
| 気をつけるべきこと | 自信をなくさない |

2024年の開運相性

恋愛運
を
上げる天星

新月
×
深夜

仕事運
を
のばす天星

新月
×
夕焼け

金運
を
のばす天星

新月
×
朝日

基本の
開運色

銀色

2024年の
開運色
**エメラルド
グリーン**

2024年の
開運アイテム
**ピンキー
リング**

2024年の
開運スポット
**星空が
キレイな場所**

天星タイプ別 基本の相性

新月 × 満月
★★★★☆

新月 × 大陸
★★★☆☆

新月 × 上弦の月
★★★★☆

新月 × 海
★★★★☆

新月 × 下弦の月
★★☆☆☆

新月 × 朝日
★★★★★

新月 × 新月
★☆☆☆☆

新月 × 真昼
★★★★☆

新月 × 空
★★★★☆

新月 × 夕焼け
★☆☆☆☆

新月 × 山脈
★★☆☆☆

新月 × 深夜
★★★★☆

✷ 空 ✷

包容力豊かな頑張り屋さん

CHARACTER
KEYWORD

お人好し
の星

頑張り屋
の星

負けず嫌い
の星

ミーハー
の星

バイタリティー
がある星

基本性格

面白そうなことが大好きで、寛大な心の
もち主。面倒見がよく困っている人を放
っておけず、つい張り切ってしまうタイ
プ。自分に自信がないため人と比べ落ち
込むと愚痴が多めに。どこか抜けていて
ツメが甘い面がある一方、仕事と恋愛の
両立も得意な頼れるマルチプレーヤー。
見栄っ張りで身内に冷たくなる傾向も。

空のトリセツ

⬆好きなこと・喜ぶこと

・いきつけの場所に行く	・手土産（もらう、あげる）
・気の合う人と食事＆談笑	・自慢できる環境
・満足感がある買い物	・お茶の時間

⬇嫌がること・ストレスになること

・注意されること	・プライドを傷つけられる
・仕事を邪魔される	・異性関係に口出しされる
・すぐに対応しない人	・待たされること

2024年の開運のカギ

| やるといいこと | 食のバランスを大切にし、欲を制御 |
| 気をつけるべきこと | 体の不調のサインを見過ごさない |

2024年の開運相性

恋愛運 を 上げる天星	仕事運 を のばす天星	金運 を のばす天星
空 × 下弦の月	空 × 朝日	空 × 上弦の月

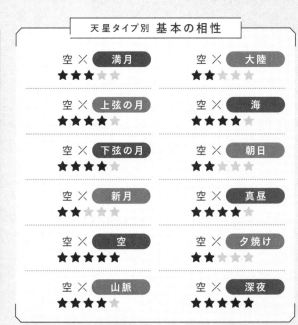

基本の開運色
水色

2024年の開運色
白

2024年の開運アイテム
キーケース

2024年の開運スポット
レトロな喫茶店

天星タイプ別 基本の相性

空 × 満月 ★★★☆☆

空 × 大陸 ★★☆☆☆

空 × 上弦の月 ★★★★☆

空 × 海 ★★★★☆

空 × 下弦の月 ★★★★☆

空 × 朝日 ★★☆☆☆

空 × 新月 ★★☆☆☆

空 × 真昼 ★★★★☆

空 × 空 ★★★★★

空 × 夕焼け ★★☆☆☆

空 × 山脈 ★★★★☆

空 × 深夜 ★★★★★

✴ 山脈 ✴

平和主義なお茶目さん

CHARACTER KEYWORD

人気者気質がある星

損得勘定の星

愛嬌があり無邪気な星

実はドライで冷静な星

ほめられて伸びる星

基本性格

1つひとつ着実に自信をつけ、協調性を重んじる安定志向タイプ。興味をもてない人付き合いは面倒に思いがちですが、周りを和ませる愛嬌があり、実は幅広い交友関係を築ける社交性を隠しもっています。ドライなリアリストで論理的な面も。ほめられたり、認められることで大きく成長します。

山脈のトリセツ

⬆好きなこと・喜ぶこと
- 自然なほめまくり攻撃
- 自分のペースで進行
- 趣味に没頭できること
- 自分の目標をクリア!
- お得を感じること
- レアな物、価値がある物

⬇嫌がること・ストレスになること
- 面倒くさいこと
- 効率が悪いこと
- 騒がしい場所や大きな音
- 自分に無関係な話
- タスクが終わらない状況
- 非常識なこと

106

2024年の開運のカギ

| やるといいこと | 1人の時間やリフレッシュを大切に |
| 気をつけるべきこと | 自分にも人にも厳しくしない |

2024年の開運相性

恋愛運 を 上げる天星	仕事運 を のばす天星	金運 を のばす天星
山脈 × **海**	山脈 × **山脈**	山脈 × **大陸**

基本の
開運色

緑

2024年の
開運色

黄色

2024年の
開運アイテム
トート
バッグ

2024年の
開運スポット
緑が多く
静かな場所

天星タイプ別 基本の相性

山脈 × 満月	山脈 × 大陸
★★★☆☆	★★☆☆☆
山脈 × 上弦の月	山脈 × 海
★★☆☆☆	★★★☆☆
山脈 × 下弦の月	山脈 × 朝日
★★★★★	★★★★☆
山脈 × 新月	山脈 × 真昼
★☆☆☆☆	★☆☆☆☆
山脈 × 空	山脈 × 夕焼け
★★★★☆	★★★☆☆
山脈 × 山脈	山脈 × 深夜
★★★★☆	★★★☆☆

* 大陸 *

冷静沈着な感性先取りタイプ

CHARACTER KEYWORD

好き嫌いが
ハッキリ
の星

おしゃれ
の星

プライド
高めの星

顔に
出やすい星

マイペースな
自信家
の星

基本性格

才能豊かで独自のセンスのもち主。穏やかに見えて正義感が強く、決断が早く勝気なところも。情にもろく義理堅い面もあり、一旦やると決めたらやり抜く責任感の強い人です。実は慎重で小心者なので無意識のうちに自分を守ろうとしますが、親しい人の間では可愛いムードメーカーになるタイプです。

大陸のトリセツ

⬆好きなこと・喜ぶこと

・憧れ、尊敬されること	・成功すること
・すべて把握できる環境	・自分が1番の状況
・時間配分通りに進むこと	・ストレス解消の買い物

⬇嫌がること・ストレスになること

・バカにされること	・口だけの人
・手柄を奪われること	・自分から折れること
・弱い面を見破られること	・服装やセンスへの口出し

2024年の開運のカギ

やるといいこと "笑い"を大切にしてみる

気をつけるべきこと すべて1人で抱え込まない

2024年の開運相性

恋愛運
を
上げる天星

大陸
×
夕焼け

仕事運
を
のばす天星

大陸
×
下弦の月

金運
を
のばす天星

大陸
×
山脈

基本の
開運色

赤

2024年の
開運色

シルバー

2024年の
開運アイテム
ネイル
ハンドクリーム

2024年の
開運スポット
湧き水が
おいしい所

天星タイプ別 基本の相性

大陸 × 満月
★★★☆☆

大陸 × 大陸
★★★☆☆

大陸 × 上弦の月
★★★★☆

大陸 × 海
★★★★☆

大陸 × 下弦の月
★★★☆☆

大陸 × 朝日
★★★★★

大陸 × 新月
★★☆☆☆

大陸 × 真昼
★☆☆☆☆

大陸 × 空
★★★★☆

大陸 × 夕焼け
★★★★☆

大陸 × 山脈
★★☆☆☆

大陸 × 深夜
★★★☆☆

＊ 海 ＊

二面性を隠しもった完璧主義者

CHARACTER
KEYWORD

小悪魔
タイプ
の星

負けず嫌い
の星

一生懸命
の星

計算高い
星

内弁慶
の星

基本性格

広く穏やかな海のように優しい雰囲気を
もつ反面、完璧主義で深い海のように底
知れぬ野心を隠しもっているタイプ。奥
深くには、自分を守る強力な保護があり、
自分軸が強め。人を信用するまで時間が
かかります。自分でも自覚できていない思
い込みや思考の癖をもつ実は頑固な人。本
音を語らず、少々ドライな一面もあります。

海のトリセツ

🔺好きなこと・喜ぶこと

・特別扱いされること　　・若く見られほめられること
・丁寧にお礼を言われる　・ツボを押さえたほめ言葉
・理解してもらえること　・秘密を共有した優位な状況

🔻嫌がること・ストレスになること

・自分のルールを変えること　・人前で怒られること
・自分をさらけ出すこと　　　・短所を指摘してくる人
・土足で踏み込まれること　　・思い通りにならないこと

2024年の開運のカギ

| やるといいこと | 謙虚な気持ちで心からの感謝をする |
| 気をつけるべきこと | 自分の固定観念に捉われない |

2024年の開運相性

恋愛運
を
上げる天星

海
×
真昼

仕事運
を
のばす天星

海
×
深夜

金運
を
のばす天星

海
×
朝日

基本の
開運色

青

2024年の
開運色

オレンジ

2024年の
開運アイテム

**ゴールドピアス
イヤリング**

2024年の
開運スポット

**動物が
いる場所**

天星タイプ別 基本の相性

海 × 満月	海 × 大陸
★★☆☆☆	★★★☆☆
海 × 上弦の月	海 × 海
★☆☆☆☆	★☆☆☆☆
海 × 下弦の月	海 × 朝日
★★★☆☆	★★★☆☆
海 × 新月	海 × 真昼
★★☆☆☆	★★★☆☆
海 × 空	海 × 夕焼け
★★★★☆	★☆☆☆☆
海 × 山脈	海 × 深夜
★★★★☆	★★★★★

☀ 朝日 ☀

自由気ままな気分屋さん

CHARACTER
KEYWORD

短期
集中型
の星

情に厚い
星

ピュア
の星

面倒くさがり
の星

人見知り
の星

基本性格

マイペースで冒険心旺盛、楽しいことが大好き。実は人見知りですが、趣味やノリが同じ人とはすぐに仲よくなれます。根は無邪気で、意外に単純。枠にはまらず自由に生きたいという願望も。飽きっぽいですが、気分がのれば驚くほどの行動力を発揮し、周りを驚かせることもあります。

朝日のトリセツ

⬆好きなこと・喜ぶこと
・自由な自分の時間　　　・好きなことをやれる環境
・優位に立てる状況　　　・尊敬されること
・ゲームや漫画タイム　　・趣味やノリが同じこと

⬇嫌がること・ストレスになること
・強制されること　　　　・ルールを無視する人
・細かい指示や確認作業　・自分の時間を邪魔する人
・比べられたりバカにされる・逃げ場がないこと

2024年の開運のカギ

やるといいこと	スマホより目の前の相手を大切に
気をつけるべきこと	ケガ。損得勘定で物事を決めない

2024年の開運相性

恋愛運
を
上げる天星

朝日
×
山脈

仕事運
を
のばす天星

朝日
×
空

金運
を
のばす天星

朝日
×
新月

基本の
開運色

蛍光色

2024年の
開運色

ゴールド

2024年の
開運アイテム

帽子

2024年の
開運スポット

歴史を
感じる場所

天星タイプ別 基本の相性

朝日 × 満月
★★☆☆☆

朝日 × 大陸
★★★★★

朝日 × 上弦の月
★★★★☆

朝日 × 海
★★★☆☆

朝日 × 下弦の月
★☆☆☆☆

朝日 × 朝日
★★★★☆

朝日 × 新月
★★★★☆

朝日 × 真昼
★★★★☆

朝日 × 空
★☆☆☆☆

朝日 × 夕焼け
★★☆☆☆

朝日 × 山脈
★★★★☆

朝日 × 深夜
★★☆☆☆

✳ 真昼 ✳

自由主義な行動派

CHARACTER
KEYWORD

フレンドリー
な星

実は
辛口の星

熱しやすく
冷めやすい
星

アクティブ
な星

気が強い
星

基本性格

穏やかそうに見えますが、物事を先取りする直感やスピード感があり、考えるより先に行動する人。好き嫌いをハッキリと主張し、何事にも直球で短期決戦を好みます。いったん相手を信頼すると急激に距離を縮め、友達の輪をどんどん広げるなど、人との縁で自分を発展させられるタイプです。

真昼のトリセツ

⬆好きなこと・喜ぶこと

・冒険や海外旅行 ・「さすが!」という言葉
・ベタなセリフ ・自分に従ってくれる
・高級品やブランド ・努力する自分

⬇嫌がること・ストレスになること

・自分のペースを崩される ・待たされること
・長期戦 ・優柔不断な人
・細かく聞いてくる人 ・予定を把握されること

2024年の開運のカギ

| やるといいこと | 日常に運動を取り入れた健康な体づくり |
| 気をつけるべきこと | 感情的にならない。戦わない |

2024年の開運相性

恋愛運
を
上げる天星

真昼
×
海

仕事運
を
のばす天星

真昼
×
上弦の月

金運
を
のばす天星

真昼
×
下弦の月

基本の
開運色
橙色

2024年の
開運色
茶色

2024年の
開運アイテム
メガネ
サングラス

2024年の
開運スポット
鳥の鳴き声が
聞こえる場所

天星タイプ別 基本の相性

真昼 × 満月
★★☆☆☆

真昼 × 大陸
★★☆☆☆

真昼 × 上弦の月
★★★★☆

真昼 × 海
★★★☆☆

真昼 × 下弦の月
★★★☆☆

真昼 × 朝日
★★★★☆

真昼 × 新月
★★★☆☆

真昼 × 真昼
★☆☆☆☆

真昼 × 空
★★★★★

真昼 × 夕焼け
★★☆☆☆

真昼 × 山脈
★★★★☆

真昼 × 深夜
★★☆☆☆

✷ 夕焼け ✷

悠然としている頑張り屋さん

CHARACTER
KEYWORD

人の話を
聞かない
星

努力家
の星

頑固な
星

楽しいことが
好きな星

好き嫌いが
激しい星

基本性格

強い信念をもち、一度目標を決めると秘めたパワーで突き進み、頑張る姿を人に見せたがらない、コツコツマイペースな陰の努力家です。壁があるように見えますが、意外と単純。要領がよく、根拠のない自信をもち合わせています。思考は論理的。実は打たれ弱く、少し短気な面も。好き嫌いがわかりやすい人です。

夕焼けのトリセツ

⬆好きなこと・喜ぶこと
・包容力のある人に包まれる　・得意なことをほめられる
・過去の栄光への称賛　　　　・自分を好きな仲間といる
・刺激を得ること　　　　　　・マッサージ

⬇嫌がること・ストレスになること
・バカにされること　　　　　・高圧的な態度や発言
・自分を否定する人　　　　　・不安にさせる言葉
・パーソナルスペースに入られること　・ダメ出し

2024年の開運のカギ

| やるといいこと | 家の中を整理し居心地のよい空間に |
| 気をつけるべきこと | 連絡は即レスを心がけ、溜めない |

2024年の開運相性

恋愛運
を
上げる天星

夕焼け
×
大陸

仕事運
を
のばす天星

夕焼け
×
新月

金運
を
のばす天星

夕焼け
×
満月

基本の
開運色

桜色

2024年の
開運色

紫

2024年の
開運アイテム

お香

2024年の
開運スポット

**懐かしさを
感じる場所**

天星タイプ別 基本の相性

夕焼け × 満月 ★★★☆☆	夕焼け × 大陸 ★★★★☆
夕焼け × 上弦の月 ★★☆☆☆	夕焼け × 海 ★★★★☆
夕焼け × 下弦の月 ★★★☆☆	夕焼け × 朝日 ★★☆☆☆
夕焼け × 新月 ★☆☆☆☆	夕焼け × 真昼 ★★☆☆☆
夕焼け × 空 ★★☆☆☆	夕焼け × 夕焼け ★★★★☆
夕焼け × 山脈 ★★★★☆	夕焼け × 深夜 ★★★★★

＊ 深夜 ＊

束縛を嫌う個性豊かな変わり者

CHARACTER
KEYWORD

独創性
豊かな星

個性
たっぷり
の星

ユニーク
な星

自由が
好きな星

あまのじゃく
の星

基本性格

独特の感性や個性をもち、不思議な雰囲気をまとっています。自分のペースや世界を大切にし、我が道を進むタイプで、本当に好きなことは納得いくまでレベルを上げる頑張り屋。意地っ張りな面もあり、なかなか本心を伝えることができませんが、理解してくれる相手には深い愛情を注ぎます。

深夜のトリセツ

↑好きなこと・喜ぶこと

・自分だけの時間と空間　・パワースポット巡りの旅
・楽しい毎日を送ること　・本能に従って生きること
・うまく立ててもらうこと　・休息をとること

↓嫌がること・ストレスになること

・根掘り葉掘り聞かれること　・無駄なこと
・状況を説明すること　・偉そうな態度や人
・束縛されること　・やりたいことを阻まれる

2024年の開運のカギ

| やるといいこと | やりたいことリストを作る |
| 気をつけるべきこと | 紛失注意。データはバックアップを |

2024年の開運相性

恋愛運
を
上げる天星

深夜
×
新月

仕事運
を
のばす天星

深夜
×
深夜

金運
を
のばす天星

深夜
×
海

基本の
開運色
茶色

2024年の
開運色
緑

2024年の
開運アイテム
ブレスレット

2024年の
開運スポット
温泉地

天星タイプ別 基本の相性

深夜 × 満月
★★☆☆☆

深夜 × 大陸
★★★☆☆

深夜 × 上弦の月
★★★★☆

深夜 × 海
★★★☆☆

深夜 × 下弦の月
★★★★★

深夜 × 朝日
★★★★☆

深夜 × 新月
★★☆☆☆

深夜 × 真昼
★☆☆☆☆

深夜 × 空
★★★☆☆

深夜 × 夕焼け
★★★☆☆

深夜 × 山脈
★★★★☆

深夜 × 深夜
★★★☆☆

★ ★ ★ 天星別 特徴

誘惑に弱い 天星ベスト3

★ 1位 ★
空

誘惑したりされたり、流されやすく、ミーハー気質で、欲に負けやすい傾向あり。

★ 2位 ★
大陸

情にもろく、押しにも弱め。基本的には好きな人としか一緒にいたくないタイプ。

★ 3位 ★
上弦の月・山脈

錯覚が入りやすく騙されやすい上弦の月と、楽しくなるとワクワクが止められない山脈。

考えすぎてしまう 天星ベスト3

★ 1位 ★
満月

自分に自信がなく、実は気にしい。大丈夫かどうか些細な言動に敏感に反応し、スローダウン。

★ 2位 ★
上弦の月

一度気になると、解決するまでモヤモヤ考え、こんがらがって、我慢しすぎて体調ダウン。

★ 3位 ★
新月・真昼・深夜

妄想モードで心が弱りやすい新月。考える方向がズレやすい真昼。生きづらさを感じる深夜。

ケチな 天星ベスト3

★ 1位 ★
山脈

節約家で貯金が趣味。人にはお金を使いたくないが、自分の欲しいものには投資。

★ 2位 ★
深夜

合理性を考えて基本ワリカン。誰かのために使う概念はないが、自分に利があるなら惜しみなく使う。

★ 3位 ★
夕焼け

お金には細かく現実的。損得勘定が敏感に働く。自分のためだと金銭感覚が疎くなりがち。

RANKING

ランキング ★ ★ ★

人を信用しない 天星ベスト3

★ 1位 ★
海

基本的に自分を守る。人は全員嘘つき、裏切ると過去の経験から決めつけていて、警戒している。

★ 2位 ★
新月

直感でピンとこなければ心を開かない。相手を警戒し、いろんな角度から探る。会話する時間次第。

★ 3位 ★
下弦の月・大陸

どちらも人は好き。上辺を合わせじっくり吟味する下弦の月。熱く語り価値観の一致で深まる大陸。

不安にさせてはいけない 天星ベスト3

★ 1位 ★
新月

ネガティブスイッチあり。実はカマチョさんタイプ。何もかも嫌になると、殻に閉じこもる傾向が。

★ 2位 ★
夕焼け

強がっていても実は心配性。常に不安あり。空回りすると余裕がなくなり不満爆発。

★ 3位 ★
上弦の月・下弦の月

安心しないと落ち着かない上弦の月。不安から不満になりシャットダウンして逃げたくなる下弦の月。

見栄っ張りな 天星ベスト3

★ 1位 ★
朝日

ついつい大人のふりをしてカッコつけがち。余裕がなくても後輩には自分のおかげだと演出。

★ 2位 ★
空

自分をよく見せるために無意識に取り繕ってしまい、持ち物や人脈でもちょっと自慢しがち。

★ 3位 ★
下弦の月・真昼

憧れられたい下弦の月、先取りしすぎな真昼、どちらも高級や一流といったステータスに弱め。

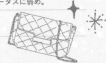

EPILOGUE

★ おわりに ★

最後まで読んでいただき、ありがとうございます。

今年、今月、今日
"今"がどんな流れ(リズム)なのかを描いた

―天星術第四ステージ―
『星ひとみの天星術2024』いかがでしたでしょうか。

天星、天星ナンバー、様々な性質
沢山の星と、光と影。

本書を通じて、今この瞬間を知る。

自分の知らない側面に気づいたならば
すべてはチャンスに変わります。

『運命は変えられる』
私はそう信じています。

今の自分はどんな流れにあるのか
今は何をするのがベストなのか。

「天星術」を知り、運気のリズムに乗れば、あなたが描いた未来に
たくさんの笑顔が舞い込んできます。

2024年という1年、そしてこの1日を、
どう過ごしていこうかと悩んだとき、
迷ったときに、そっと開き参考にしてみてください。

「天星術占い、それは人生の道しるべ」

影の時期でも大丈夫。
決して怖がらず、
間違えたっていいんです。
間違えたからこそ見える世界もある。

雨が降るなら傘を持って
雪が降るなら装備ができる
あなたの歩む道のり
どんな地図も描いてゆけます。

今年1年の
あなたの人生に訪れる"光と影"。
本書から読みとり、どう感じ、どう捉えるか。

どんな瞬間も、
たとえ今見える景色がどんな世界でも、
あなたが生きているこの1秒は
これからの人生で一度しか見られない景色となる。

運気は、世界は、刻々と変わっていきます。
限られた生命、限られた時間。

あなたは
誰と過ごしたいですか?
何をしたいですか?

できることならば、皆様一人ひとりにお会いしたい気持ちですが
私が今、皆様のためにできることは何か
できる限りのエネルギーを皆様に届けられるように

たくさんの方々に光が届くように願いを込め、
各天星、天星ナンバーごと、赤白と一人ひとりの皆様に、
さらに深く届くよう、
細かく書かせていただきました。

本書を通じて、少しでも皆様の
お手伝いができたのなら幸いです。

ゆっくり深呼吸し
心を落ち着かせて。

小さな光を感じられるように
今あるすべてに感謝を。

あなたは幸せになれる人。

2024年

もう一度自分を信じ
もう一度幸せの選択を。

「天星術」

いつも心のそばに。
今年もあなたのお守りに。

皆様が少しでも素晴らしい1年を送れるよう
お祈りいたします。

あなたは"大丈夫"

それではまたお会いしましょう。

2023年 10月吉日　　星 ひとみ

STAFF

編集協力
高橋尚子
[KWC]
安井桃子、杉本真理、長谷和希子、
阿部雅美、梶原知恵、西島 恵

アートディレクション
松浦周作
[mashroom design]

ブックデザイン
石澤 縁
[mashroom design]

イラスト
miya

企画協力
中込圭介
[Gオフィス]

Star Eyes

PROFILE

星ひとみ
（ほし・ひとみ）

占い師。巫女の血筋をもつ家系に生まれる。東洋
占星術や統計学、心理学などをもとにしたオリジ
ナル運勢鑑定法「天星術」の開祖である。生まれ
ながらの力と経験による知識から導き出す鑑定は
圧倒的な的中率で人気を集め、各界に多くのファ
ンをもつ。著書に『星ひとみの天星術』(小社)、『星
ひとみの天星術超図鑑』『運気を金にする　幸せ
上手さん習慣GOLD』(ともに小学館)などがある。

星ひとみオフィシャルブログ「Star Eye's」

星ひとみ Instagram

@hoshi_hitomi722

星ひとみ事務局 Instagram

@hoshi_hitomi_staff

StarEyes × YAMASAN

星ひとみの天星術2024
下弦の月〈月グループ〉

2023年10月25日　第1刷発行

著者	星ひとみ
発行人	見城 徹
編集人	菊地朱雅子
編集者	有馬大樹　三宅花奈　茂木 梓

発行所　　株式会社 幻冬舎
〒151-0051
東京都渋谷区千駄ヶ谷4-9-7
電話 03(5411)6211［編集］
　　　03(5411)6222［営業］

公式HP https://www.gentosha.co.jp/

印刷・製本所　中央精版印刷株式会社

検印廃止

この本に関するご意見・ご感想は、
下記アンケートフォームからお寄せください。
https://www.gentosha.co.jp/e/